Petra Pau

Gott hab sie selig

Petra Pau

Gott hab sie selig

Neue Anekdoten von anomal bis digital

Quintus

Fotos: Elke Brosow (S. 31, 58), Axel Hildebrandt (S. 16, 36, 45, 48, 83, 92), Lichtbild/Achim Melde (S. 20), Fraktion DIE LINKE. im Bundestag (S. 8), Philipp Müller (S. 54), Privat (S. 70, 86), tv.berlin (S. 78), Heidi Wagner (S. 97, 102)

1. Auflage 2021
© Quintus-Verlag
Binzstraße 19, 13189 Berlin
www.quintus-verlag.de

Umschlaggestaltung: Oda Ruthe, Braunschweig,
unter Verwendung eines Fotos von Axel Hildebrandt, 2018
Satz und Gestaltung: Ralph Gabriel, Berlin
Druck und Bindung: Art-Druk, Szczecin

ISBN 978-3-96982-006-3

Inhalt

Vorab

Auf der Leipziger Frühjahrsbuchmesse 2015 habe ich 53 Episoden aus 25 Jahren meiner politischen Tätigkeit vorgestellt – heitere, überraschende, aber auch sehr ernste. Mit ihnen bin ich seither landauf, landab zu Lesungen unterwegs. Längst auch mit neuen Geschichten, ungedruckte bislang. Viele davon präsentiert nun dieses Buch. Ich danke dem Quintus-Verlag.

2020 habe ich etliche Episoden aus den Büchern *Gottlose Type* und nunmehr *Gott hab sie selig* digital aufgenommen und als Video ins weltweite Gewebe gestellt. Sie finden diese unter anderen auf meiner Webseite www.petrapau.de. Und doch: Buch bleibt Buch, finde ich. Kleiner Tipp: Stellen Sie sich nur mal vor, Sie verschenken zu einem Geburtstag oder zu Weihnachten einen Link ins Internet. Die Überraschung dürfte riesig sein, die Freude winzig.

Diskussion auf der Klausurtagung der Fraktion der LINKEN im Bundestag am 6. März 2018

Diesseits und jenseits

In der laufenden Legislaturperiode, ich meine 2017 bis 2021, bin ich im Präsidium des Deutschen Bundestages die Dienstälteste. Obendrein war ich lange die Einzige aus dem Osten. Das hätte mir mal jemand prophezeien mögen. Seinen Humor hätte ich am Politischen Aschermittwoch gepriesen.

Das Amt der Bundestagspräsidentin bzw. des -präsidenten steht in aller Regel der zahlenmäßig stärksten Fraktion zu. Das ist seit langem die CDU/CSU. Allen anderen Fraktionen gebührt eine Vize-Präsidentin bzw. ein Vize-Präsident. Die jeweils vorgeschlagenen Personen müssen allerdings mit der Mehrheit des gesamten Parlaments gewählt werden, die Stimmen der eigenen Fraktion reichen dafür nicht.

Schließlich sollen die Mitglieder des Präsidiums neben anderen Aufgaben auch den gesamten Bundestag im In- und Ausland repräsentieren. Insofern ist unsere Wahl auch ein Vertrauensvorschuss, finde ich.

Wir Vizepräsidenten haben unsere Büros übrigens im Jakob-Kaiser-Haus, während der Präsident, derzeit Dr. Wolfgang Schäuble, im ehrwürdigen Reichstagsgebäude residiert. Dazwischen liegt der Friedrich-Ebert-Platz. Auf ihm erinnert ein graues Steinband im Boden daran, wo früher – von 1961 bis 1989 – die Berliner Mauer verlief. Leicht ist so zu erkennen: Das Jakob-Kaiser-Haus steht im einstigen Osten, das Reichstagsgebäude im Westen. Das ist Geschichte und zugleich höchst aktuell.

Der Bundestagspräsident ist nämlich auch Dienstherr für einige Tausend Angestellte und Beamte des Parlaments. Da er im West-Haus sitzt, werden diese alle nach Westtarif entlohnt. Würde er im Ost-Gebäude agieren, so bekämen die Beschäftigten des Bundestages Osttarif. Sie müssten also für weniger Geld länger arbeiten. Schwein gehabt in Deutschland einig Vaterland, oder?

Die Letzten und die Ersten

Riverboat ist eine freundliche Talkshow im sächsischen Buntfernsehen. Ende Februar 2015 wurde ich eingeladen. Ich sagte zu. Doch ganz so einfach läuft dies nicht. Zur Vorbereitung bekam ich eine E-Mail mit zwei Dutzend Fragen, die ich umgehend beantworten möge. Eine hieß: Welche drei Dinge würden Sie auf eine einsame Insel mitnehmen? Ich weiß es nicht. Aber ich antwortete trotzdem: Mein Handy, die Bibel und einen Allgäu-Krimi. Die Bibel war offenbar das von der Redaktion erhoffte Stichwort. Die Moderatorin ergriff es dankbar. Flugs waren wir mitten im Plaudern über „Gott und die Linke". Es lief. Bei mehr Sendezeit hätte ich allerdings auch diese biblische Geschichte erzählen können, ja wollen: Der Herr eines Weinberges heuerte dereinst Helfer an und vereinbarte mit ihnen für ihr Tagwerk einen Lohn von einem Silbergroschen. Des Mittags stellte er noch mehr Weinwerker an, vor Sonnenuntergang weitere. Dann zahlte er alle aus, jeweils mit einem Silbergroschen. Prompt kam Unbill auf. Die Ersten murrten wider den Herrn und sprachen: „Diese haben nur eine Stunde gearbeitet, und du hast sie uns gleich gemacht, die wir des Tages Last und die Hitze getragen haben. Er antwortete aber und sagte zu einem unter ihnen: Mein Freund, ich tue dir nicht Unrecht. Bist du nicht mit mir eins geworden für einen Groschen? Nimm, was dein ist, und gehe hin! Ich will aber diesem Letzten geben gleich wie dir." Denn auch er habe Frau, Kind und Familie. „Also werden die Letzten die Ersten und die Ersten die Letzten sein."

Was für eine wunderbare linke Botschaft, biblisch erzählt. Man kann diese uralte Weinberg-Geschichte aus Matthäus 20 nämlich auch als Plädoyer für ein bedingungsloses Grundeinkommen lesen. Primär zählt nicht, wer wie lange für andere malocht, sondern dass alle vor Gott gleich sind oder nach dem Grundgesetz Mensch sein können. Die Letzten wie die Ersten!

Die Idee eines bedingungslosen Grundeinkommens ist umstritten, auch unter Linken. Ich befürworte sie. Demnach bekäme jede und jeder einen Basisbetrag zum Leben in Würde, unabhängig vom Alter oder von Bildung, unabhängig auch davon, ob er oder sie einer Erwerbsarbeit nachgehen kann oder will. Sagen wir aktuell 1 350 Euro im Monat. Ja, das wäre eine kleine Revolution. Eine sehr bekannte Linke wurde jüngst gefragt, ob sie ein bedingungsloses Grundeinkommen befürworten würde. Sie verneinte; gute Löhne für gute Arbeit seien wichtiger. Das eine schließt das andere nicht aus, finde ich. Wichtiger ist etwas anderes. Ein bedingungsloses Grundeinkommen bezieht sich auf die Würde des Menschen, und zwar ausnahmslos aller. Eine gute Vergütung indes belässt Erwerbsarbeit als Dreh- und Angelpunkt.

Preisfrage: Was ist linker, humanistischer, emanzipatorischer? Ein solches Grundeinkommen wäre auch ein Gewinn an Freiheit. Niemand könnte mehr in Arbeit gezwungen werden, die offensichtlich den Stempel „Ausbeutung" trägt. Menschen könnten wägen und wählen, was auch mehr Demokratie bedeuten würde. Hinzu kommt eine rasante Entwicklung. Die zunehmende Digitalisierung der Gesellschaft wird ganze Berufsgruppen auslöschen. Was dann: Elend oder Freiheit? Ein BGE, so die Abkürzung, böte eine positive Antwort.

Und doch: Wenn es um die Idee eines bedingungslosen Grundeinkommens geht, höre ich letztlich immer zwei Fragen. Die erste: Wer soll das bezahlen? Dafür gibt es verschiedene Modelle. Die zweite: Wer würde dann überhaupt noch arbeiten? Die ist interessanter. Alle Skeptiker betonen stets: „Ich schon, aber die anderen nicht!" Alle sagen: „Ich würde ja wollen, nur die anderen nicht!" Das Problem aller sind so immer die anderen. Seltsam, nicht?

Am 6. September 2017 hatte ich meinen Halbe-Halbe-Tag. Zugegeben: Vordem wusste ich auch nicht, was das sein sollte. Aber ein Freund hat nachgerechnet. An diesem Tag war ich genauso lange Bürgerin der Bundesrepublik Deutschland, wie ich vordem Bürgerin der Deutschen Demokratischen Republik war. Ich kenne also beide Systeme: den real-existierenden Sozialismus und den real-existierenden Kapitalismus. Mehr noch: Dazwischen gab es eine Zeit, die aus allen Reihen tanzte. Die einen nannten sie „Wende", andere „Revolution", manche auch „Konterrevolution", je nach Blickwinkel. Diese Erfahrung hat mich fortan sehr geprägt. Es war eine Zeit, in der politische Belange öffentlich ausgehandelt wurden, in der Bewegung in scheinbar unverrückbare Machtverhältnisse kam, in der Journalisten ihre gewonnene Freiheit in den Dienst der Aufklärung stellten, in der die Opposition regierte und die Regierung opponierte, in der die Bürgerschaft sehr engagiert war, in der das Politische Hoch-Zeit feierte. Der Runde Tisch ist dafür synonym.

Das alles fand kurioserweise mit der ersten freien, gleichen und geheimen Wahl zu DDR-Zeiten, mit der zur Volkskammer am 18. März 1990, ein abruptes Ende. Der moderne Verfassungsentwurf des Runden Tisches zum Beispiel wurde danach von der Ost-CDU ignoriert, weil die West-CDU ihn nicht wollte. Bei der SPD war es ebenso. In dem Entwurf standen übrigens höchst aktuelle Passagen. Zum Beispiel in Artikel 8: „Jeder hat das Recht an seinen persönlichen Daten und auf Einsicht in ihn betreffende Akten und Dateien. Ohne freiwillige und ausdrückliche Zustimmung des Berechtigten dürfen persönliche Daten nicht erhoben, gespeichert, verwendet, verarbeitet oder weitergegeben werden." Oder Artikel 43: „Die Staatsflagge [...] trägt die Farben Schwarz-Rot-Gold. Das Wappen des Staates ist die Darstellung des Mottos ‚Schwerter zu Pflugscharen'."

Datenschutz, Abrüstung, soziale Gerechtigkeit, mehr Demokratie – diese Verfassung war als Mitgift des Runden Tisches der DDR für ein wirklich neues Deutschland gedacht. Ein bürgerrechtliches Drängen, das Erinnerung verdient. Bei den üblichen Reden sowie offiziellen Rückblicken auf das Ende der DDR und auf die deutsche Einheit wird all das tunlichst ausgeblendet. Warum wohl?

Souvenir aus Trier: zum 200. Geburtstag von Karl Marx am 5. Mai 2018

So viel Marx

Im Frühjahr 2014 bekam ich Post von der Landeszentrale
für politische Bildung Baden-Württemberg. Ich möge als
Referentin an einer Veranstaltungsreihe „25 Jahre Mauer-
fall – von der DDR-Historie zur (Erfolgs-)Geschichte der
Einheit?!" mitwirken. Als weitere Gesprächspartner dieser
Serie sollten unter anderen Hubertus Knabe (damals Direk-
tor der Stasi-Gedenkstätte Hohenschönhausen), Marianne
Birthler (ehemalige Bundesbeauftragte der Stasi-Unterla-
gen-Behörde) sowie Markus Meckel (letzter Außenminis-
ter der DDR) ihre Sicht darstellen. Ich sagte ab. Denn die
Absicht der Veranstalter schien mir klar. Das Fragezeichen
sollte verschwinden, das Ausrufezeichen erhärtet werden.
Sehr simpel, arg brotlos. Drei Wochen später wiederholte
die Landeszentrale ihre Anfrage. Ich sagte erneut Nein.
Doch die Landeszentrale ließ nicht nach. „25 Jahre Mau-
erfall – von der DDR-Historie zur (Erfolgs-)Geschichte
der Einheit?!", das sei nur die Ober-Überschrift, schrieb
sie. Mein Thema könne ich natürlich selbst bestimmen.
Nun sagte ich zu. *Links sein im 21. Jahrhundert* nannte ich
mein Angebot. Denn diese Frage beschäftigte mich schon
länger. Und so fuhr ich im November 2014 in den Südwes-
ten, nach Freiburg. Was ich wollte, das wusste ich wohl.
Aber was erwarteten die Teilnehmerinnen und Teilneh-
mer des Abends? Und wen könnte das Thema überhaupt
interessieren? Als ich in den Vorlesungssaal der Uni kam,
war ich überrascht. Die örtliche Presse schrieb von 200 Anwesenden, die meisten wohl Studentinnen und Studenten,
zwei Dutzend waren aber auch reiferen Alters, womöglich auf der Sinnsuche nach ihrem dritten linken Leben.
Es war ein bewegter Abend. Es ging nicht um Unsägliches

linker Vergangenheit, sondern um eine soziale, gerechte und friedfertige Zukunft, die offenbar nicht nur mir auf der Seele brennt. In einem neuen Jahrhundert, einem entscheidenden! Nach meinem Vortrag meinte der Moderator des Abends: „So viel Karl Marx gab es in dieser Aula lange nicht. Danke Frau Pau."

Gott hab sie selig

„Fassen Sie sich kurz!" So hieß die Mahnung seinerzeit an DDR-Telefonzellen. In der Bundesrepublik Deutschland hieß die Werbung damals „Ruf doch mal an!" Das war in den 1980er-Jahren so. In der DDR waren private Telefone Mangelware, und an öffentlichen Fernsprechern gab es gelegentlich Warteschlangen. In der Bundesrepublik (alt) gab es hinreichend Telefone und mit jedem Anruf verdienten die Anbieter, je mehr, je besser. So erklären sich die unterschiedlichen Botschaften. Inzwischen ist globale Handyzeit. Nahezu alle könnten in Echtzeit weltweit miteinander verbunden sein und dank Smartphone sprechen, hören, sehen.

Ist das nicht super? Ein Wunder moderner Technik? Ein unglaublicher ziviler Fortschritt? Das dachte ich lange, bis Mai 2020. Damals grassierte die Corona-Pandemie. Vor persönlichen Kontakten wurde gewarnt. Treffen und Beratungen fanden vorwiegend digital statt. Hatten Sie schon mal acht Stunden lang nahezu ununterbrochen ihr Handy am Ohr? Ich schon! Drei Stunden lang Vorstandssitzung digital, danach zwei Stunden lang Teamsitzung digital, anschließend drei Stunden lang Fraktionssitzung digital. Ins normale Leben zurück brachten mich zwischendurch lediglich drei Minuten. Ich war auf Toilette: offline, naturell, entspannend. Gott hab sie selig.

Papst Benedikt XVI. zu Besuch im Bundestag am 22. September 2011, in der Mitte: der damalige Bundestagspräsident Norbert Lammert

Kreuz oder Crux

„Marx ist tot, Jesus lebt", meinte Bundesminister Norbert Blüm (CDU), nachdem der real-existierende Sozialismus sowjetischer Prägung 1990/91 implodiert war. Sind die Gedanken von Karl Marx deshalb wirklich und Gott sei Dank überwunden?

Mir ist es übrigens egal, woraus jemand sein antikapitalistisches Engagement speist, von Karl Marx oder von Kardinal Marx. Ja, Letzterer hatte 2014 gemeint: „Wir müssen über die Neubestimmung der Gesellschaft [...] diskutieren, über den Kapitalismus hinausdenken, denn Kapitalismus ist nicht das Ziel, wir müssen ihn überwinden."

Damit befand er sich in bester Gesellschaft. Im selben Jahr hatte auch Papst Franziskus gemahnt: „Das Wirtschaftssystem sollte im Dienst des Menschen stehen. Aber wir haben das Geld in den Mittelpunkt gerückt, das Geld als Gott." 2020 wiederholte er seine Kapitalismuskritik, was einem Kommentator der *Frankfurter Allgemeinen Zeitung* Schimpf und Schande wider den Papst entlockte: „Die auf Freiheit setzende Marktwirtschaft gilt ihm als Teufelswerk: durchseucht von Egoismus, Antrieb zu ruinösem Wettbewerb und asozialem Lob des Privateigentums."

In seinem zur selben Zeit erschienenen Buch *Wage zu träumen!* beschreibt Papst Franziskus die Aufgabe der Kirche sinngemäß so: Sie müsse all jene, die am Rande der Gesellschaft darben, ermutigen, dagegen aufzubegehren. Das finde ich auch. Aber ist das kirchlicher Alltag? Bestimmt vielfach, aber zum Fragezeichen fällt mir eine Geschichte vom 16. August 2002 ein. Ich war dabei. Die rot-grüne Bundesregierung unter Kanzler Gerhard Schröder hatte damals eine Kommission berufen, die Vorschläge für eine große Arbeitsmarktreform unterbreiten sollte. Ihr Leiter war Peter Hartz, seinerzeit Manager beim VW-Konzern. Später wurde er wegen Veruntreuung zu zwei Jahren Haft auf Bewährung verurteilt, aber das nur nebenbei.

An jenem Freitag im August hatte Peter Hartz in Berlin seine Reformvorschläge medienträchtig vorgestellt. Auf Bundesebene erhoben SPD und Bündnis 90/Die Grünen, kräftig unterstützt von CDU/CSU und FDP, das Gros davon zu geltendem Recht, unter anderem bekannt als „Agenda 2010" oder „Hartz IV". Ich war dagegen und behielt leider Recht. Denn alsbald waren Millionen Bürgerinnen und Bürger von „Armut per Gesetz" betroffen. Mit göttlicher Fügung? Denn die ganze Hartz-Unbill wurde seinerzeit ausgerechnet im Französischen Dom am Gendarmenmarkt feierlich präsentiert. Es war eine Crux.

Linkes Grundgesetz

2019 gab die Rosa-Luxemburg-Stiftung mein Manuskript *Links sein im 21. Jahrhundert* als Broschüre heraus. Kurz darauf war ich gebeten worden, dazu in Rostock zu sprechen. Mir schwante nicht Gutes. Ich malte mir aus, wie es sein könnte. Während ich spreche, lesen die Leute im Publikum den gedruckten Text mit und blättern pünktlich zur nächsten Seite um. Das geht natürlich überhaupt nicht. Also musste ich erneut ran. Ich begann völlig neu und für viele überraschend so:

„Mein Titel *Links sein im 21. Jahrhundert* ist kurz und überschaubar. Und doch birgt er Fragen und obendrein einen Fehler. Den Fehler blende ich jetzt mal aus. Die Fragen indes beginnen mit: Was ist eigentlich links, politisch links? Dazu können Sie Regale voller Bücher lesen. Auch im Netz, zum Beispiel via Wikipedia, werden sie fündig. Die Partei DIE LINKE versucht es in ihrem Programm auf nahezu 100 Seiten zu erklären. Ich biete eine ganz andere, kürzere, eigene Erklärung an. Ich finde nämlich: Links ist alles Bestreben, Artikel 1 Grundgesetz – „Die Würde des Menschen ist unantastbar" – im wahren Leben zu verankern. Wohl bemerkt die Würde aller Menschen, nicht nur der Schönen und Reichen und nicht nur der Deutschen und Weißen. Es versteht sich, dass Nationalismus und Rassismus ergo nichts mit links zu tun haben. Zudem braucht die Würde des Menschen eine soziale Basis. 1-Euro-Jobs, Armutsrenten und Hartz IV gehören nicht dazu. Zur Würde gehört auch, dass sie und er selbst bestimmen können und nicht fremdbestimmt werden, also Fragen von Bürgerrechten und Demokratie. Schließlich dürfte die drohende Klimakatastrophe die Würde vieler, wenn nicht gar aller Menschen zerstören. So, wie Kriege a priori wider die Würde des Menschen sind. Kurzum: Die soziale Frage, Bürgerrechte und Demokratie, Umwelt- und Friedenspolitik, das ist links. Wer sich in diesem Sinne engagiert, ist mit Blick auf Artikel 1 Grundgesetz ein wahrer Verfassungsschützer", sagte ich, und ich füge hinzu: Dass die gleichnamigen Ämter dies mit Blick auf Linke zumeist komplett anders sehen, zeigt nur, dass sie a) falsch heißen und b) überflüssig sind.

Chancen groß, Gefahren riesig

Noch gut erinnere ich mich an Mitte der 1990er-Jahre. Damals wurde das Internet allgemein zugänglich. Die Euphorie war groß. Erstmals wurden Bürgerinnen und Bürger Sender und Empfänger von Nachrichten zugleich, und das auch noch weltweit, in Echtzeit. Das war historisch neu. Nunmehr konnte man sich vernetzen, aktivieren, mobilisieren, auch eingreifen.

Keine Frage, das Internet ermöglicht mehr Transparenz und Einfluss für Bürgerinnen und Bürger. Die Chancen für mehr Demokratie sind groß. Doch ist mehr Demokratie wirklich das Wesen der Digitalisierung? Viel spricht dafür! Und noch mehr dagegen! Aktuell jedenfalls.

Die weltweit offene Ära des ursprünglich militärischen Internets war kaum nutzbar, schon begannen neue Monopole das vermeintlich freie Netzwerk zu kapern. Sie dominieren inzwischen weltweit und sie werden dadurch obendrein steinreich. Sie vermarkten Daten, auch ganz persönliche Daten, Ihre und meine. Und wir liefern sie ihnen oft kostenlos frei Haus, indem wir zum Beispiel bei Google suchen oder bei Facebook posten. Nein, ich bin keine Maschinenstürmerin und ich halte mitnichten ein Plädoyer gegen die Digitalisierung. Das wäre nicht links und zudem brotlos. Sie läuft und läuft, wie seinerzeit die Dampfmaschine, nur viel rasanter und weitreichender. Mich bewegen hier Bürgerrechte und Demokratie, also letztlich die Rolle der Menschen bei alledem.

Im Herbst 2016 wurde als Angebot für die Europäische Union der Entwurf einer „Digital Charta" veröffentlicht, besorgt und einladend. Die Stichworte der Autorinnen und Autoren sind Freiheit, Gleichheit, Würde. Sie seien massiv gefährdet, befürchten sie. „Neue Formen der Automatisierung, künstliche Intelligenz" und mehr verlangen endlich eine öffentliche Debatte darüber, mahnen sie. Ja, die ist überfällig.

Die weltweit fünf größten Daten-Monopole, alle mit Hauptsitz im Silicon Valley, betrachten das Internet quasi als ihr Eigentum, und genauso nutzen sie es. Experten warnen längst vor einer Big-Data-Diktatur. Und so überrascht auch die alternative Forderung nach einem neuen, parallelen Internet nicht, organisiert nach öffentlich-rechtlichen Prinzipien, humanen Werten folgend. Noch scheint unklar, wie das wirklich aussehen könnte. Aber wahr ist leider auch: Derzeit führt der linke Anspruch „Internet für alle" de facto zur „Überwachung aller". Kurzum: Die Gefahren für die Demokratie sind riesig.

Yvonne Hofstetter ist IT-Unternehmerin und alarmiert höchst kompetent, was die Zukunft von Bürgerrechten und Demokratie in Zeiten einer pur-kapitalistischen Digitalisierung betrifft. Das belegen auch ihre Bücher *Sie wissen alles* und *Das Ende der Demokratie*. Demnach werden wir es mit Rahmenbedingungen zu tun haben, die mit jenen im 20. Jahrhundert kaum noch vergleichbar sind. Yvonne Hofstetter erwägt zehn Alternativen für die Politik und eine aktive Gesellschaft. Drei ihrer Gedanken seien kurz skizziert.

Erstens erinnert sie daran, dass Bürgerrechte noch nie vom Himmel gefallen sind oder vom Staat frei Haus geliefert wurden. Sie müssen durch eine engagierte Zivilgesellschaft wieder und wieder erkämpft werden.

Zweitens müssen der Staat und internationale Gemeinschaften gleichwohl verbindliche Regeln und klare Rahmen setzen, um die Digitalisierung und Bürgerrechte verträglich zueinander zu bringen.

Drittens sei es sinnlos, mit erhobenem Zeigefinger auf die Dominanz der USA zu zeigen, solange die Digitalisierung hierzulande und EU-weit vergleichsweise stiefmütterlich behandelt werde.

Über alledem schwebt allerdings eine viel grundsätzlichere Frage, finde ich: Was, wenn durch die Digitalisierung künstliche Intelligenz nicht nur punktuell, sondern prinzipiell intelligenter wird als menschliche? Wer hätte dann das Sagen? Und was folgte daraus für Bürgerrechte und Demokratie?

Endlich konträr

Heribert Prantl ist Journalist und Autor, vor allem bekannt durch die *Süddeutsche Zeitung*. Ich mag seine Sicht und Kommentare, allemal, wenn es um Bürgerrechte geht. Seit geraumer Zeit schickt er im Wochentakt auch online einen – von mir sehr empfohlenen – Newsletter ins Rund. In einem ging er 2020 auf ein aktuelles Urteil des Bundesverfassungsgerichts ein. Damit wurde der Bundestag verpflichtet, alsbald ein Gesetz zu verabschieden, um Geheimdienste, allemal den BND – den Bundesnachrichtendienst – wirksam zu kontrollieren. Vorstellungen, wie das gehen könnte und welche Befugnisse ein entsprechendes Gremium haben müsste, gibt es seit Jahrzehnten. Nie wurden sie umgesetzt, jetzt aber sei es höchste Zeit, drängte Prantl.

Mir gefiel sein Beitrag außerordentlich. Endlich waren wir mal unterschiedlicher Meinung. Denn ich vertrete die Auffassung, dass Geheimdienste unkontrollierbar sind. Das besagt schon ihr Name. Sie agieren geheim, also intransparent, und sind damit ihrem Wesen nach Fremdkörper jedweder Demokratie. Fair, wie ich bin, habe ich vor dem Buchdruck das Manuskript dieser Geschichte Heribert Prantl geschickt. Er hat darauf für mich überraschend per Newsletter für mein Buch *Gottlose Type* geworben. Danke!

Erich Kästner

Am 10. Mai 1933 ließen die Nazis in 22 deutschen Hochschulstädten Bücher ihnen nicht genehmer Autoren verbrennen. Zu ihnen gehörten unter anderen Karl Marx, Sigmund Freud, Kurt Tucholsky, Carl von Ossietzky, auch Heinrich Heine. Der hatte schon zu seinen Lebzeiten gewarnt: „Dort, wo man Bücher verbrennt, verbrennt man am Ende auch Menschen." Und so kam es ja auch.

Alljährlich erinnern wir auf dem Berliner Bebelplatz, wie der Platz seit Langem heißt, mit einem „Lesen gegen das Vergessen" an diese Schande. 2018 las ich Passagen von Erich Kästner. Auch seine Bücher landeten 1933 in den Hass-Flammen. Später, 1956, hatte er rückblickend gemahnt: „Die Ereignisse von 1933 bis 1945 hätten spätestens 1928 bekämpft werden müssen. Später war es zu spät. Man darf nicht warten, bis der Freiheitskampf Landesverrat genannt wird. Man darf nicht warten, bis aus dem Schneeball eine Lawine geworden ist. Man muss den rollenden Schneeball zertreten. Die Lawine hält keiner mehr auf …"

Wie kam Kästner ausgerechnet auf 1928? Und was bedeutet das heute?

Ich biete ihnen einige Zitate an und dann fragen sie sich selbst.

– AfD-Gauland am Abend der Bundestagswahl, 24. September 2017: „Wir werden Frau Merkel oder wen auch immer jagen! Und wir werden uns unser Land und unser Volk zurückholen!"
– AfD-Höcke in der *Frankfurter Allgemeinen Zeitung*, 16. Oktober 2015: „Ich will, dass Deutschland nicht nur eine tausendjährige Vergangenheit hat. Ich will, dass Deutschland auch eine tausendjährige Zukunft hat."

- AfD-Gauland im Bundestag, 22. Januar 2018: „Wenn man Krieg haben will in diesem Bundestag, dann kann man auch Krieg haben."
- AfD-Höcke in Dresden, 17. Januar 2017: „Wir brauchen nichts anderes als eine erinnerungspolitische Wende um 180-Grad."
- AfD-Gauland beim Kyffhäuser-Treffen des rechtsextremen AfD-„Flügels", 2. September 2017: „Wir haben das Recht, stolz zu sein, auf Leistungen deutscher Soldaten in zwei Weltkriegen."
- AfD-Höcke, *Wall Street Journal*, 18. Januar 2017: „Das große Problem ist, dass Hitler als absolut böse dargestellt wird."

Schließlich noch dieses Zitat: „Wir gehen in den Reichstag hinein, um uns im Waffenarsenal der Demokratie mit deren eigenen Waffen zu versorgen. Wir werden Reichstagsabgeordnete, um die Weimarer Gesinnung mit ihrer eigenen Unterstützung lahm zu legen. Uns ist jedes gesetzliche Mittel recht, den Zustand von heute zu revolutionieren. [...] Wir kommen nicht als Freunde, auch nicht als Neutrale. Wir kommen als Feinde! Wie der Wolf in die Schafherde einbricht, so kommen wir."
Nein, das waren weder Gauland noch Höcke, wie man an den sprachlichen Bezügen auf den „Reichstag" und die „Weimarer Gesinnung" erkennen kann. Das war Joseph Goebbels, zu der Zeit, 1928, NSDAP-Gauleiter von Berlin und Reichstagsabgeordneter der NSDAP.

Lesung „Gegen das Vergessen" auf dem Berliner Bebelplatz am
10. Mai 2018

Einzeltäter

Die Einzeltäter hieß eine Broschüre, die ich 1997 herausgab. Dabei ging es um einen militanten Anschlag eines Nazis auf die PDS-Geschäftsstelle in Berlin-Marzahn, also dort, wo auch Gregor Gysi damals sein Büro als Rechtsanwalt hatte. Wenig später erschoss derselbe Täter auf der Flucht in Schleswig-Holstein einen Polizisten. Das zuständige Gericht in Lübeck verurteilte ihn wegen Mordes zu langjähriger Haft. Dass es sich um politische Attentate gehandelt haben könnte, interessierte das Gericht erst wenig, ob er in ein rechtsextremes Netz eingebunden war, gar nicht. Der Nazi war ein Einzeltäter, Punktum!

2012 bis 2017 war ich zweimal in einem parlamentarischen Untersuchungsausschuss des Bundestages aktiv. Es ging jeweils um die zehnjährige Mord- und Anschlagsserie des Nazi-Trios „Nationalsozialistischer Untergrund", kurz NSU, und das totale Staatsversagen. Schon im Abschlussbericht des 1. NSU-Untersuchungsausschusses hieß es fraktionsübergreifend: Staatliche Behörden haben ein strukturelles Rassismusproblem. Die andere Frage, nämlich ob das NSU-Trio von rechtsextremen Netzwerken gestützt wurde, hatte indes weder den Generalbundesanwalt noch das letztlich entscheidende Oberlandesgericht Bayern bewegt. Das NSU-Trio war, wiederum von Rechts wegen, Einzeltäter, Punktum!

2019/20 kam es erneut schlimm, tödlich. In Halle an der Saale versuchte ein Nazi eine Synagoge zu stürmen und die dort betenden Jüdinnen und Juden zu vernichten. Im hessischen Hanau erschoss ein Rechtsextremist zehn Personen. Und aus rassistischen Motiven wurde der Kasseler Regierungspräsident Walter Lübcke (CDU) ermordet. Im

Sommer 2020 erhielten zudem Dutzende Politiker, Journalisten und Künstler, vorwiegend Frauen, Mordbotschaften, unterschrieben mit „NSU 2.0". Etliche dieser Droh-Mails enthielten obendrein personenbezogene Daten, die nur von Polizei-Computern stammen konnten, hieß es in Medien.

Zur selben Zeit konnte man, selten, aber doch hie und da Plakate mit schwarzem Hintergrund sehen, zumeist zerfetzt. „Einzeltäter", hieß die Überschrift. Auf ihnen waren über 200 Namen aufgelistet, dokumentiert von der Amadeu Antonio Stiftung. Erinnert wurde damit an all jene Menschen, die seit 1990 im vereinten Deutschland aus rechtsextremen Motiven ermordet wurden. Von Einzeltätern in einer ansonsten heilen Welt? Beides mitnichten!

Wir kamen aus der Uni. Dort hatte ich über *Links sein im 21. Jahrhundert* gesprochen. Wir setzten uns auf einen Kaffee in die Fußgängerzone. Die Sonne schien. Es war der 12. Mai 2015. Ich war in Greifswald. Mein Handy klingelte. So normal und dann doch nicht mehr. Es habe einen Hackerangriff auf das Netz des Bundestages gegeben. Noch sei unklar, wie umfangreich die Attacke sei, und ebenso, von wem sie ausgegangen war. Aber ich müsste das als Vorsitzende der IuK-Kommission natürlich wissen und folglich auf kurzem Draht erreichbar bleiben.

IuK ist ein Kürzel für „Information und Kommunikation". Die IuK-Kommission des Bundestages ist zuständig für alles, was im weiteren Sinne mit dem Internet zu tun hat, von der technischen Ausstattung der Abgeordneten bis zur weltweiten Vernetzung des Parlaments. Als Vizepräsidentin des Bundestages leite ich das Gremium, in dem auch alle Fraktionen mitarbeiten.

Tags darauf waren die Medien voll von entsprechenden „Breaking News" und Schlagzeilen. Vom „größten digitalen Angriff" auf Deutschland war die Rede und Schreibe, und davon, dass alle Spuren nach Russland führen. Das übliche halt, wenn die Empörungswelle überschwappen soll. Belegt waren beide Behauptungen nicht, sie sind es bis heute nicht. Aber alsbald wurde eine Schuldige für die allgemeine Verunsicherung gefunden: ich!

Der Hintergrund: Das Bundesamt für Verfassungsschutz begehrte flugs Zugriff auf das Bundestagsnetz und mithin letztlich auch auf die Computer aller Abgeordneten. Der Sicherheit wegen, was sonst. Das lehnte ich in Übereinstimmung mit der gesamten IuK-Kommission ab. Denn, was hat ein Geheimdienst in Computern zu suchen, auf denen auch Kontakte der Abgeordneten mit Bürgerinnen und Bürgern sowie deren vertrauliche Anliegen zu finden sind? Richtig: nichts! Überhaupt nichts! Seither konnte ich die Uhr danach stellen. Mindestens einmal im Jahr betitelt mich der damalige Verfassungsschutz-Chef Hans-Georg Maaßen öffentlich als Sicherheitsrisiko für die deutsche Demokratie. Dabei habe ich sie vielmehr gegen seine Begehrlichkeiten beschützt. Denn seit wann sind Geheimdienste Schutzschilde gegen das Ausspähen persönlicher Daten? Ergo lasse ich mich lieber von Maaßen & Co. schmähen, als seinen Märchen zu folgen. Versprochen!

Auf der Demonstration „Freiheit statt Angst" am 11. Oktober 2008 in Berlin

Gefährder

Es gibt sie noch: Liberale in der FDP. Ja, an Jahren gereift, aber immer noch als Bürgerrechtler aktiv. Gerhart Baum etwa, einst Bundesinnenminister: „Wird dieses Gesetz beschlossen, so werde ich in Karlsruhe dagegen klagen", gab er kund und zu wissen. Es sei das gefährlichste deutsche Polizeigesetz seit 1945, kommentierten andere. Deutlicher als mit diesem historischen Vergleich kann man kaum werden. Allein in München demonstrierten am zweiten Mai-Wochenende 2018 40 000 Bürgerinnen und Bürger gegen das Vorhaben. Selbst die Gewerkschaft der Polizei meldete ernste Bedenken an. Das alles hielt die CSU nicht auf. Und so beschloss der Bayerische Landtag mit ihren Stimmen am 15. Mai 2018, spät abends, das umstrittene „Polizeiaufgabengesetz". Das wiederum soll, geht es nach Bundesinnen- und Heimatminister Horst Seehofer (CSU), Vorbild für alle Bundesländer sein.

Mit diesem Gesetz wird der ohnehin schon unbestimmte Begriff „Gefährder" zum Exzess getrieben. Unbescholtene Bürgerinnen und Bürger können nunmehr bar eines konkreten Tatverdachts monatelang weggesperrt werden, ohne richterlichen Spruch und ohne anwaltlichen Beistand. Ebenso können ihre Handys oder Tablets ausgelesen, ihre Daten gehortet und manipuliert werden. Auch viele DNA-Merkmale dürfen erfasst werden, wiederum anlasslos, einfach so, für alle Fälle. Mit Freiheitsrechten der Bürgerinnen und Bürger, wie sie im Grundgesetz verbrieft sind, hat dies alles nichts mehr zu tun, im Gegenteil. Zudem wird die Polizei mit Handgranaten hochgerüstet, so, als werde sie auf einen Bürgerkrieg vorbereitet. Aus dem Freistaat Bayern wird so ein Polizeistaat Bayern.

Obendrein überboten sich die CSU-Oberen, etwa Markus Söder oder Joachim Herrmann, kritische Mahner als dumm und renitent zu beschimpfen. Von „Lügenpropaganda" ist bei ihnen die Rede.

Als Gerhart Baum übrigens seinen aktuellen Gang zum Verfassungsgericht ankündigte, schrieb ich ihm umgehend: „Ich bin dabei." Es ist nicht das erste Mal, dass wir dort gemeinsam gegen die Beschneidung von Bürgerrechten klagen. Und wir taten es zuweilen durchaus erfolgreich, zum Beispiel gegen die widerrechtliche Vorratsdatenspeicherung.

Das ist und bleibt auch bitter nötig. Denn wir erleben derzeit eine doppelte Fatalentwicklung – in Deutschland und europaweit: Gesellschaften tendieren nationalistisch gegen rechts, und Staaten agieren wider demokratische Verfassungen. Wohin das führen kann, wissen wir aus der deutschen Geschichte. Beides schreit nach Widerspruch – in Karlsruhe und im Alltag.

Kapitale Datenströme

Anfang 2018 wurde publik, dass Daten von Facebook an die britische Firma Cambridge Analytica abgeflossen seien. Was heißt abgeflossen? Daten sind keine Buddel Bier, das entweder nur hier oder da sein kann. Diese Daten sind jetzt bei beiden, bei Facebook und bei Cambridge Analytica. Die Meldung war aktuell, der Vorgang war es nicht. Denn die fragwürdige Datenübertragung fand bereits 2015 statt. Jedenfalls räumte Facebook ein, seither davon zu wissen. Wie viele Personen betroffen sind, ist weiter strittig. Weltweit könnten es 87 Millionen Facebook-Nutzerinnen und -Nutzer sein. Wobei es nicht nur um die direkt Abgezapften ging, sondern auch um ihre Facebook-Freunde.

Cambridge Analytica wiegelte ab. Man habe Daten von „nicht mehr als 30 Millionen Menschen" erhalten. Das beruhigt ungemein.

Zur selben Zeit sorgte ein anderes Datengeschäft für Schlagzeilen. Die Tageszeitung *Neues Deutschland* titelte „Geheime Post" und meinte damit das Gegenteil von Postgeheimnis. Jedenfalls soll laut *Spiegel* die privatisierte Deutsche Post seit 2015 en masse persönliche Daten von Bürgerinnen und Bürger an Parteien verhökert haben. Im Zusammenhang mit dem Bundestagswahlkampf 2017 ist von der CDU und der FDP die Rede, die daraus straßengenaue Analysen ziehen wollten und möglicherweise politischen Profit schlugen.

Das rief flugs Neider auf den Plan, zum Beispiel Gerd Landsberg. Er ist Chef des Deutschen Städte- und Gemeindebundes. Er befand: „Die Städte und Gemeinden müssen sich noch mehr klarmachen, dass Daten das Öl des 21. Jahrhunderts sind und sich damit wichtige Einnahmen erzielen lassen." Wohl bemerkt: Er meinte damit nicht Daten über die Länge von Straßen oder die Zahl der Gullys in Städten und Gemeinden, sondern persönliche Daten, Ihre und meine, die er künftig zu angeblich aller Wohl verhökern wolle. Nein, widersprach er Kritikern, es gehe ja nicht um personenbezogene, sondern um anonymisierte Daten. Was die Bundesdatenschutzbeauftragte Andrea Voßhoff umgehend zurückwies. Denn in Zeiten von Big Data lassen auch diese Schlüsse auf die Personen zu, die dahinterstecken.

Fakt ist: Wir haben ein Problem, ein riesiges. Das Bundesverfassungsgericht hat wiederholt geurteilt: Datenschutz ist Personenschutz, ist ein verbrieftes Bürgerrecht. Ohne den Schutz persönlicher Daten gibt es keine souveränen Bürgerinnen und Bürger, weil sie überwacht und manipulierbar werden. Ohne Souveräne aber ist jedwede Demokratie undenkbar. Das ist die Dimension, über die wir in Zeiten zunehmender Digitalisierung reden – endlich reden müssen. Nein, ich habe keine, noch keine schlüssigen Antworten. Ich suche sie selbst. Aber die weltweit größten Konzerne schöpfen ihren unvorstellbaren Reichtum aus der Vermarktung persönlicher Daten: Facebook, Google, Amazon. Sie kommen bürgernah daher, wir vertrauen ihnen und sie beuten uns aus. Sie zahlen dafür nicht einmal angemessen Steuern, sofern das Wort „angemessen" in der beschriebenen politischen Dimension überhaupt angemessen ist. Und sie entziehen sich obendrein jedweder Kontrolle. Dass auch die Post und der Städte- und Gemeindebund beim kapitalen Datenhandel mitmischen oder es wollen, zeigt nur die Verrohung demokratischer Sitten.

Linke Preisfrage

Stimmungen inmitten der Gesellschaft kippen nach rechts. „Ausländer raus" geistert durch viele Köpfe. Antisemitismus ist wieder hoffähig. Gewalt gegen Andersdenkende, Anderslebende und Andersliebende gehört zum Alltag.

Das alles komme nicht überraschend. Das alles sei voraussehbar gewesen, meinte der Soziologie und Erziehungswissenschaftler Professor Wilhelm Heitmeyer 2017 in einem Interview. Ich war dabei, als er und sein Wissenschaftsteam am 11. November 2011 in Berlin die Ergebnisse ihrer Langzeitstudie über *Deutsche Zustände* vorstellten. Also lange bevor zahlreiche Flüchtlinge und Asylbewerber zu uns kamen. Die Heitmeyer-Forschungen liefen über zehn Jahre. Das Fazit in aller Kürze:

Die gruppenbezogene Menschenfeindlichkeit nimmt zu. Ebenso die Akzeptanz von Gewalt als Politikersatz. Als Ursachen für diese fatalen Entwicklungen nennt die Studie: Das Soziale wird ökonomisiert, die Demokratie wird entleert. Auf Politikdeutsch nennt man das „neoliberal". Dem Markt wird freier Lauf gelassen, den Banken und Monopolen wird gegeben, der Gesellschaft und dem Einzelnen wird genommen. Das ist seit über 25 Jahren die dominierende Politik, die sich dadurch obendrein selbst entmündigt.

Wenn Heitmeyer & Team recht haben, und ich finde, sie haben recht, dann ist die neoliberale Politik das tiefer liegende Übel. Ergo müssen Linke gegen alle agieren, die neoliberal unterwegs sind. Parteipolitisch hieße das: DIE LINKE gegen CDU, CSU, SPD, FDP, Bündnis 90/Die Grünen und gegen die AfD, also wir gegen alle. So weit, so scheinbar klar.

Aber da gibt es auch eine historische Lehre aus der Zeit vor und nach 1933. Sie besagt: Die Nazis kamen nicht an die Macht, weil die NSDAP so stark war, sondern weil die Demokraten zu zerstritten waren. Das wiederum würde bedeuten, breiteste Bündnisse anzustreben: Linke mit SPD, Bündnisgrünen, CDU, FDP, selbst CSU, also – ausgenommen die AfD – wir mit allen.

Beide Strategien passen irgendwie nicht zusammen! Oder doch? Und wenn doch, dann wie? Ich gebe es ihnen als Preisfrage mit.

Borstiger März

Wissen Sie, was Analbürsten sind? Es sind spezielle Bürsten fürs Anale, für den After, den Po. Es gibt sie wirklich. Sie kosten laut Internet 27,50 Euro und sind nur bei seinem Schöpfer, dem Berliner Bürstenmacher Volker Schröder zu haben. So viel vorweg und nebenbei.

Als Volker Schröder im damaligen Berlin (West) Mitglied der Grünen wurde, da waren die noch links und alternativ. Seit 2018 kann man diese Geschichte in seinem biografischen Buch *Dass ein gutes Deutschland blühe: oder Mein März-Marathon* nachlesen.

Dort erfährt man auch, wie es 1978 zur „Aktion 18. März" und der Idee kam, der 18. März möge in beiden deutschen Staaten ein Gedenktag sein, zur Erinnerung an die Revolution für Bürgerrechte und Demokratie anno 1848. Daraus wurde nichts, weder hüben noch drüben, auch nach 1990 nicht.

Gleichwohl streiten die Aktiven um Volker Schröder durchaus erfolgreich. So findet alljährlich am Brandenburger Tor eine Kundgebung mit internationaler Beteiligung statt. Denn das 1848er-Aufbegehren gegen Monarchie und Unterdrückung erstreckte sich über mehrere europäische Länder. Das Berliner Gedenken wird in Friedrichshain auf dem „Friedhof der Märzgefallenen" fortgesetzt, wo seinerzeit viele beerdigt wurden, die ihren Kampf für Freiheit mit dem Leben bezahlten. Hinzu kommt: Das Areal auf der Westseite vom Brandenburger Tor heißt seit dem Jahr 2000 „Platz des 18. März". Warum, das wissen die wenigsten. Spätestens jetzt sind Sie Mitwisser.

Wobei, auch der Namensstreit war nicht ohne. Mehrfach hatte das zuständige Bezirksamt dort entsprechende

Schilder aufstellen lassen. Und lange Zeit hatte die nicht zuständige Landesregierung sie wieder abräumen lassen. Bis zur Jahrtausendwende halt. Seither hat der Platz erkennbar seinen Namen: „18. März".

Nun ist das mit positivem Gedenken so eine Sache, allemal, wenn es gerade negativ läuft. 2002, Rot-Grün regierte damals im Bund, war ich erstmals gebeten worden, auf der Kundgebung zum 18. März zu sprechen. Das tat ich gern, und zugleich mahnte ich: Die Einführung von anlassloser Vorratsdatenspeicherung und die Ablehnung von Volksabstimmungen auf Bundesebene durch SPD und Grüne seien schwerlich mit deren Lob auf die 1848er-Revolution zu vereinbaren. Namhafte Grüne sahen mich darob sehr böse an.

Ergo kann ich nachvollziehen, warum CDU und CSU angesichts ihrer Politik wider Bürgerrechte und Demokratie nicht wollen, dass aus dem 18. März ein offizieller Tag des Nachdenkens wird. Ja, das ist für den After. Analbürsten helfen dagegen wenig. Widerborstige Streiter, wie Volker Schröder, hingegen viel.

Kundgebung auf dem Platz des 18. März in Berlin-Mitte am 18. März 2019

Jamaika-Aus

Bislang kannten die meisten Deutschen die Karibik-Insel nur vom Singen. Wie heißt es im Lied? „Was trinken die Matrosen, von all den Spirituosen? Am liebsten Rum vallera, Rum vallera, Rum vallera, am liebsten Rum vallera, Rum aus Ja-ma-hai-ka." Dieses süffige Schattendasein sollte sich 2017 gründlich ändern. Die Gesellschaft für deutsche Sprache kürte „Jamaika" sogar zum Wort des Jahres, allerdings in Verbindung mit „-Aus". Vorausgegangen waren Wahlen zum Deutschen Bundestag. Die bis dato mitregierende SPD erlitt eine herbe Niederlage. Nie wieder große Koalition, hieß es hernach bei ihr. Gesagt, getan, vier Monate lang.

Und so kam es zu ellenlangen Koalitionsverhandlungen zwischen CSU, CDU, FDP und Bündnis 90/Die Grünen. Das allein war schon ein Novum: die CSU mit den Grünen und andersrum. Aber es ging erstaunlich voran. Reichensteuer gegen Armut? Nee, besser nicht! Obergrenze für Flüchtlinge? Nennen wir künftig „atmender Rahmen" usw.

Und doch folgte ein abruptes Ende. Die FDP schmiss plötzlich hin und verließ die schwarz-gelb-grüne „Jamaika"-Runde. „Besser nicht regieren, als schlecht regieren", tönte FDP-Chef Christian Lindner hernach. Das klang klar, entschlossen und charakterstark. Nur, war es wirklich so? Insider orakeln eine ganz andere Geschichte. Und die hat etwas mit FDP-Vize Wolfgang Kubicki zu tun. Nach einer weiteren durchschwitzen Nacht hatte er nämlich via Medien seine Gattin beordert, sie möge umgehend nach Berlin kommen und ihm flugs ein frisches Hemd bringen. „Nicht mit mir und nicht in diesem Ton", mag diese gedacht haben. Jedenfalls weigerte sie sich emanzipiert, die Hemdlangerin für ihren Mann zu geben. Und so platzte Jamaika kurz vor Toresschluss. Ich kenne Frau Kubicki nicht. Aber möglicherweise hat sie uns mit ihrem Bringe-Boykott vor einer asozialen schwarz-gelb-grünen Regierung bewahrt. Die schlechteste Erklärung für das Wort „Jamaika-Aus" wäre es nicht.

Wenig später hatte die FDP einen Parteitag. Ein Tagesordnungspunkt galt der Frage, warum sich so wenige Frauen für die FDP interessieren. Die Delegierten griffen zum Äußersten. Sie bildeten einen Arbeitskreis.

Mit Team vom ZDF im „Garten der Sinne" Mahlsdorf am 29. Februar 2016

Grenzenlos grandios

Das ARD/ZDF-Morgenmagazin hatte 2015 eine Serie aufgelegt, in der Mitglieder des Bundestages in ihren jeweiligen Wahlkreisen porträtiert wurden. So auch ich. Drehzeit: sechs Stunden. Und so fuhren wir ins Siedlungsgebiet Biesdorf mit seinen dominierenden Ein- und Zweifamilienhäusern im Grünen. Wir besuchten eine alternative Öko-Anlage, wo wir einen Baum pflanzten. Danach waren wir in Alt-Marzahn, im historischen Dorfkern des Bezirks, mit seinem Tierhof und seinem Kulturgut und einem viel gefragten Fleischer. Sein Imbiss mundete dem bekannten TV-Moderator. Seinen Namen lasse ich mal weg. Damit meine ich nicht den des Fleischers. Der heißt Genz.

Der Moderator wiederum blühte so richtig bei dem abschließenden Dreh in der Marzahner Promenade auf. Hier fühlte er sich heimisch, nicht persönlich, wohl aber geistig. Denn dort gibt es die sogenannte Platte aus DDR-Zeiten, Wohnungen in Fünf- und Sechsgeschossern, also das, was vielen Wessis abstoßend einfällt, wenn sie „Marzahn-Hellersdorf" hören.

Ja, der TV-Moderator ist Wessi, wohnhaft in Berlin-Charlottenburg, wie er sagte. Ja, er sei natürlich am Osten interessiert, beteuerte er auch. Und ja, er sei häufiger im Osten Berlins, als man denkt, sagte er obendrein und meinte damit das ZDF-Studio Unter den Linden.

Donnerkiel, finde ich nun wieder: Unendlich weite 498 Meter aus Westsicht vom Brandenburger Tor, dem Symbol deutscher Einheit, hinein in den fernen Osten, bis zum ZDF-Studio – das schafft nicht jeder. Und so war sein Aus- und Aufbruch bis nach Marzahn-Hellersdorf im Jahr 25 der deutschen Einheit schlicht grenzenlos grandios. Finde ich.

Die einen sagen so und die anderen so. Damit könnte ich die Episode schon beenden. Sie handelt ohnehin nur von der Digitalisierung und der LINKEN, ist also ohne größeren Belang.

Aber gut und kurz gefasst: Einige Mitglieder der Bundestagsfraktion DIE LINKE. und etliche Mitarbeiterinnen und Mitarbeiter fanden sich Anfang 2016 zu einer „Arbeitsgruppe Digitalisierung" zusammen. Heraus kam ein Papier, in dem sie aus ihrer Sicht Fragen und Aufgaben linker Politik aufgeschrieben hatten. Sie übergaben es dem Vorstand, zur zügigen Diskussion in der Fraktion. Dazu kam es flugs, acht Monate später, Anfang 2017. Nicht ohne Murren einiger Vorständler. Ein besonders Empörter pries sich ob der Gnade seiner frühen Geburt. Denn gegen das, was heute unter dem Modewort „Digitalisierung" daherkomme, habe er schon vor fünfzig Jahren gekämpft. Und überhaupt: Was habe es mit Demokratie zu tun, wenn sich mir nichts, dir nichts plötzlich Arbeitsgruppen bilden, ohne Segen des Vorstandes. Er sagte das allen Ernstes.

Die Mehrheit der Fraktion war anderer Meinung. Digitalisierung sei ein wichtiges Zukunftsthema, allemal für Linke, da müsse man ran. Wenn auch nicht gleich, so doch spätestens nach der Bundestagswahl in sieben Monaten. Gesagt, getan, und aufgeschoben ist ja nicht aufgehoben. Wobei: Gut Ding will Weile haben. Das weiß der Volksmund, und so geschah erneut lange nichts, schon gar nichts Überstürztes.

Aber dann: Im Juni 2018 fand ein Parteitag der LINKEN statt. Und da ging die Post ab. Ein Antrag schlug tatsächlich vor, dass und wie man sich dem Zukunftsthema Digitalisierung nähern könne, ja müsse. Das sei ein fälliger Aufbruch, ein überfälliger, spät, aber vielleicht nicht zu spät, hofften die Autorinnen und Autoren. Aber auch sie hatten ihre Rechnung ohne den Wirt, sprich: ohne den Parteitag gemacht. Eine Mehrheit nahm den Antrag von der Tagesordnung und setzte stattdessen eine zusätzliche Debatte über offene Grenzen, mit oder ohne Not, drauf. Die Medien brauchten sich von da an nichts Schräges mehr auszudenken. Ihnen wurde alter Zoff neu und frei Haus geliefert.

Aber vielleicht sehe ich das alles auch falsch. Denn Digitalisierung hat schließlich etwas Binäres an sich, also mit 0 und 1 zu tun. Man entschied sich halt für die 0. Und die ist eine runde Sache. Ganz abgesehen von der Preisfrage: Wenn demnächst intelligente Maschinen ohnehin alles besser wissen, wozu braucht es dann noch Linke?

Ja, ich weiß, Karl Marx würde mir jetzt die Haare raufen. Und Richard David Precht, um mal einen aktuellen Philosophen zu bemühen, würde mir den Kopf schütteln. Zu Recht! Genau deshalb habe ich diese ganze Geschichte überhaupt aufgeschrieben: zum Nase rümpfen und Augen drehen, zum Ohren wackeln und Stirn krausen. Und zum Nachdenken. Zumal: Kaum hatte ich die Posse formuliert, nahm DIE LINKE Fahrt auf. Arbeitsgruppen wurden gebildet, inhaltliche Positionen formuliert, parlamentarische Anträge gestellt – alles zur Digitalisierung, alles mit links. Eins rauf mit Mappe!

Demokratie wagen

Meine Pro-Themen als linke Innenpolitikerin sind Bürgerrechte und Demokratie. Schaut man unter diesen Stichwörtern in die Geschichte, dann erinnern die meisten an die Französische Revolution anno 1789.

Aus deutscher Sicht ist das historisch zu kurz und geografisch zu weit gesprungen. Darauf wurde ich gestoßen, als ich 2020 mit der Allgäuer LINKEN in Memmingen unterwegs war. Dort ist eine Ausstellung den Bauernaufständen von 1525 gewidmet. Vielen fällt beim Bauernkrieg Thomas Müntzer ein. Aber um ihn geht es nicht. In der Memminger Kramerzunft einigten sich damals fünfzig Vertreter der Allgäuer, Baltringer und Bodenseer Bauernhaufen auf einen Forderungskatalog mit zwölf Punkten. Es ging um Bürger- und Freiheitsrechte, alles im Internet nachlesbar. Natürlich vergingen noch Jahrhunderte, ehe wenigstens einige davon im wahren Leben ankamen und in Verfassungen verbrieft wurden. Und manche bauernschlaue Idee harrt noch immer der Einlösung. Etwa, das, was alle Menschen für ein Leben in Würde brauchen, seinerzeit Wälder mit ihrem Holz, auch allen zugänglich sein soll und privater Geschäftemacherei zu entziehen sei.

2025 haben diese zwölf Punkte übrigens 500-jähriges Jubiläum. Ein guter Anlass, finde ich, für Memmingen, Bayern und die Bundespolitik, aktuell etwas Würdiges beizusteuern: also dem Profit entziehen, der Gemeinschaft geben – im öffentlichen Verkehr, im Gesundheitswesen, bei Wohnen und Mieten.

Es ist höchste Zeit.

Mahnende Kunst

Empfange ich im Bundestag Besucher und reicht die Zeit, dann gehen wir durch die Parlamentsgebäude mit Halt bei einigen Kunstwerken. Davon gibt es viele, so viele, dass sie einen Bildband füllen. Vor allem zwei gehören bei mir zum Standardprogramm. Beide sind im Reichstagsgebäude. Und beide waren höchst umstritten, insbesondere aufseiten der CDU/CSU-Fraktion.

Das eine ist der Andachtsraum von Günther Uecker. Er bietet Platz und die dazugehörigen Utensilien für alle relevanten Religionen, für Christen, für Juden, für Muslime, auch für Hindus. Unionspolitiker forderten hingegen ein dominierendes Kreuz, schließlich sei man hier im christlichen Abendland. Uecker blieb standhaft.

Das zweite Kunstwerk ist im Innenhof des Gebäudes. Es ist von Hans Haacke. Er schuf einen Schriftzug „Der Bevölkerung", in bewusstem Kontrast zu der Giebelinschrift „Dem deutschen Volke". Die Buchstaben werden umgrünt. Wer wollte, konnte aus seinem Wahlkreis ein Säckchen Erde mitbringen. Und was diese barg und aus ihr erwächst, soll gedeihen, unbeschnitten, unbegradigt.

Uecker plädiert für einen gleichberechtigten Dialog, interreligiös. Haacke mahnt uns Abgeordnete, für alle Bürgerinnen und Bürger da zu sein, multikulturell und nicht nur für Deutschgermanen.

Lange hatte ich beide Werke vor allem als Erinnerung an die mörderische Zeit des deutschen Faschismus interpretiert. Aber spätestens seit diese von einem bekannten AfD-Politiker als „Vogelschiss" verharmlost wurde, weiß ich: Ueckers und Haackes Mahnungen sind brandaktuell.

Mit den „Omas gegen Rechts" auf dem Berliner Alexander-platz am 17. August 2019

Gipfel sind häufig tatsächlich der Gipfel, allemal, wenn sie von Staats wegen daherkommen. 2007 war ich in Rostock. Dort demonstrierten Tausende gegen einen G8-Gipfel. Das Kürzel meint ein Treffen der acht vermeintlich weltweit führenden Staaten. Niemand hat sie autorisiert und kein Völkerrecht stützt sie. Aber es war angeblich eine traute Gemeinschaft. Das suggerierte auch ein Foto. Darauf ließen sich Kanzlerin Angela Merkel und weitere Weltpromis vergnügt auf einem extrabreiten Strandkorb ablichten.

Drum herum ging es nicht ganz so gemütlich zu. Um das Tagungsobjekt Heiligendamm war ein zwölf Kilometer langer und 2,50 Meter hoher Zaun mit Stacheldraht, Kameraüberwachung und Bewegungsmeldern errichtet worden. 17 000 Polizisten aus etlichen Bundesländern waren im Einsatz, zudem rund 1 000 Kämpfer der Bundeswehr. Das Demonstrationsrecht war ausgesetzt. Die globalisierungskritische Nichtregierungsorganisation Attac sprach provokant von „russischen Verhältnissen". Die millionenschweren Kosten für den G8-Gipfel wurden übrigens zu großen Teilen dem Land Mecklenburg-Vorpommern übergeholfen, das mit dem Spektakel ansonsten nichts zu tun hatte.

Von nah und fern angereiste Bürgerinnen und Bürger, die gegen den Hochsicherheitsgipfel protestieren wollten, waren in einem Lager untergebracht. „Wir saßen nichts ahnend zusammen, da kam ein Kampfjet drohend im Tiefflug auf uns zugerast." Das berichtete damals Silke Stokar von Neuforn, Abgeordnete von Bündnis 90/Die Grünen, im Innenausschuss des Bundestages. „Der Pilot wird sie erkannt haben", feixten darob Mitglieder der CDU/CSU-

Fraktion. Die drängende Frage aber, wieso die Bundeswehr im Innern agieren durfte und auf wessen Geheiß, wurde schlicht ignoriert.

2017 folgte in Hamburg ein G20-Gipfel. Das wird ein – Zitat – „Festival der Demokratie", versprach Innensenator Andy Grote (SPD). Oh je! Irgendjemand hatte sich die Hansestadt Hamburg als Austragungsort ausgesucht. Und so waren plötzlich ganze Stadtteile der Elb-Metropole exterritoriale Gebiete, außerhalb des Grundgesetzes. Diesmal wurden dreißig Tausendschaften Polizisten zum Tatort gekarrt, auch aus dem Ausland. Das Versammlungsrecht war weiträumig komplett außer Kraft gesetzt. Zuwiderhandlungen galten als Aufruhr und wurden prophylaktisch Linksextremisten zugeschrieben. Mediale Kampagnen gegen Linke wurden gestartet, rechtswidrige Fahndungen ausgelöst und Spiogenten der Ämter für Verfassungsschutz aktiviert. So wurde auch drei Dutzend akkreditierten Journalisten der Zugang zum Gipfel verwehrt. Sie galten plötzlich als gefährlich. Das Bundeskriminalamt hatte Daten über sie gespeichert. Wiederum rechtswidrig, urteilten Gerichte hernach. Andere Journalisten wurden mit harscher Polizeigewalt und Pfefferspray davon abgehalten, ihrer Arbeit nachzugehen. Pressefreiheit? Fehlanzeige!

„Die Polizei hat alles richtig gemacht!" So zog der damalige Bürgermeister (Olaf Scholz, SPD) ein flinkes Fazit. Später wurde publik, was viele ahnten. Die Polizei hatte in den sogenannten Schwarzen Block, der als linksextrem gilt, Provokateure eingeschmuggelt. Die griffen vermummt ihre uniformierten Kollegen an, mit Flaschenwürfen und weiteren Attacken. So wurde die Lage von Staats wegen und mit Vorsatz eskaliert. Ein „Festival der Demokratie" halt oder was hatte Olaf Scholz gemeint – „alles richtig gemacht"?

Bleibt die nicht völlig abwegige Frage, wozu solche Gipfel-Spektakel in Heiligendamm, Hamburg und anderswo letztlich gut waren bzw. sind. Wurde dadurch auch nur eines der neun Weltprobleme gelöst, wie es im Generationen-Manifest angemahnt wird? Wurden sie wenigstens angegangen? Die Antwort ist überschaubar: nichts dergleichen. Die Gipfel waren diesbezüglich G0-Komma-nix.

Pressegespräch am Rand der Menschenkette für Demokratie am 13. Februar 2010 in Dresden

Schloss-Wolle

Oktober 2018, Inforadio vom Rundfunk Berlin-Brandenburg bat mich um ein Interview. Wolfgang Thierse werde 75 Jahre alt und ich hätte doch mit ihm zu tun gehabt. Aber, so hieß es in der E-Mail weiter, „kein Jubiläumsgedudel", sondern eine „kritische Würdigung", bei der auch „politische Differenzen zur Sprache kommen". Ich sagte zu und schaltete auf Erinnerung. Obendrein: Allzu viel ist in einem fünfminütigen Gespräch nicht unterzubringen.

Meine ersten intensiven Begegnungen mit „Wolle", wie Wolfgang Thierse oft genannt wird, hatte ich 1998. Eine Bundestagswahl nahte. Wir kandidierten beide in Berlin Mitte – Prenzlauer Berg. Damals gab es noch ordentliche Offline-Wahlkämpfe. An manchen Tagen trafen wir uns zwei-, zuweilen sogar dreimal auf Podien verschiedener Veranstalter. Nach wenigen Tagen hätte jeder die Rolle des anderen übernehmen können, denn wir kannten die konträren Argumente längst aus dem Effeff. Nur der Ausgang war für alle überraschend, auch für mich. Ich gewann den Wahlkreis nämlich direkt. Das brachte Wolfgang Thierse öffentlichen Hohn seines Parteifreundes, des Bundeskanzlers Gerhard Schröder, ein. Eine nette Familie.

Die nächste markante Episode hatte auch mit Wahlen zu tun, vier Jahre später, 2002. Gesine Lötzsch und ich, wir gewannen unsere Wahlkreise, aber die PDS, wie die LINKE damals noch hieß, verpasste die Fünfprozent-Hürde. Und so waren wir beide fraktionslos im Bundestag. Wolfgang Thierse indes wurde Bundestagspräsident. Und so hielt er eine Antrittsrede. Darin pries er, dass nunmehr eine Fraktion weniger im Hohen Hause sei, als Ausdruck einer gelungenen inneren Einheit Deutschlands. Na, danke schön.

Politische Differenzen? Natürlich hatten wir diese. Allemal bei der sogenannten Agenda 2010 der rot-grünen Koalition mit ihren Hartz-Gesetzen. „Hartz IV ist Armut per Gesetz", hieß es schon 2003. Ich stimmte im Bundestag mit Nein, Thierse mit Ja. Sozial konträrer geht nicht.

Diese Geschichte gehört ebenfalls dazu: Der Palast der Republik in Ost-Berlin war asbestverseucht – das ICC, das Internationale Congress Centrum in West-Berlin, ebenfalls. Letzteres wurde saniert, der Palast sollte weg. Besonders laut forderten das Wilhelm von Boddien und Wolfgang Thierse. Tausende und mehr protestierten dagegen. Natürlich viele Ossis, aber überraschend auch immer mehr Neu-Berliner, junge Künstlerinnen und Künstler, die aus den alten Bundesländern an die Spree gekommen waren und nun im Palast eine neue Heimstatt sahen. Vergebens. Thierse & Co. setzte sich durch. Von 2013 bis 2020 wurde auf der Abrissfläche eine Attrappe des ehemaligen Stadtschlosses gebaut, die als Humboldt Forum seit 2020 häppchenweise eröffnet wird. Schau'n wa ma, wie der Berliner sagen würde, auch, was es dann gekostet haben wird.

Doch, es gibt auch ein Thema, bei dem wir übereinstimmen. Mehrfach trafen wir uns zum Beispiel in Dresden, um gegen Naziaufmärsche zu demonstrieren. Auch Katrin Göring-Eckardt von Bündnis 90/Die Grünen war häufig dabei. In einer Menschenkette standen wir drei Vizepräsidenten des Bundestages Schulter an Schulter. Allen anderen politischen Differenzen zum Trotz waren wir uns sichtbar einig: Das Grundgesetz muss gemeinsam verteidigt werden.

Und das ist auch gut so.

Drei Gläser Wein

Die Bitte kam Anfang September 2018 per E-Mail. Ihr Absender: das Magazin *Focus*. „Frau Pau, Sie haben mit dem verstorbenen Elmar Pieroth Wahlkampf gemacht und ihn so möglicherweise kennengelernt. Ich würde Sie gern als Autorin für einen kurzen Nachruf gewinnen." Das hätte einen besonderen Charme, hieß es weiter, wenn nicht die üblichen Verdächtigen aus der Berliner CDU schrieben, sondern eine Vertreterin der LINKEN.

Wohl wahr, dachte ich. Denn Elmar Pieroth war Mitglied der CDU und etliche Jahre auch als Berliner Finanzsenator tätig, mithin also ein Gegner linker Politik. Vordem hatte er einen hohen Posten in der Treuhandanstalt inne, die das einstige Volkseigentum der DDR skrupellos verscherbelt und etwaige Ostkonkurrenz für Westkonzerne zerschlagen hatte. Er war also ein rotes Tuch für die meisten Ossis. Und dann gab es noch Gerüchte um ihn als Weinhändler. Aber auch die taugten nicht für einen Nachruf. Und so erinnerte ich an eine andere Episode:

„1994, lang, lang ist es her, erfand der damalige Generalsekretär der CDU, Pfarrer Hintze, seine ‚Rote-Socken-Kampagne'. Mit ihr sollte die damalige PDS ins Abseits gestellt und jeder Umgang mit ihr verabscheut werden. Ich mochte seine dumme Arroganz, denn dadurch gewann die PDS Aufmerksamkeit und Zuspruch.

Im Jahr darauf fügte es sich, dass Elmar Pieroth und ich in Hellersdorf bei der Wahl zum Berliner Abgeordnetenhaus gegeneinander antraten, er für die CDU, ich für die PDS. Zum Abschluss gab es eine prall besuchte Podiumsdiskussion, moderiert vom damaligen Herausgeber der *Berliner Zeitung*, Erich Böhme. Wir saßen beide auf einem roten

Sofa, Seit an Seit, und die anwesenden Journalisten staunten nicht schlecht. Wir fetzten oder überschrien uns nämlich nicht, wie es heute in Talkshows Usus ist. Wir stritten in der Sache, mit Argumenten. Hernach begossen wir unseren gemeinsamen Abend noch bei einem Glas Wein, nein, bei drei Gläsern, jeder seins, Böhme, Pau und Pieroth."

Sprühentladung

Wikipedia gilt als basisdemokratisches Web-Angebot. Ein Portal, das mit jedem professionellen Lexikon mithalten kann, hieß es schon vor Jahren. Inzwischen haben die gedruckten Alleswisser den digitalen Wettlauf mit Wikipedia verloren, aber das nur vorweg und nebenbei.

Im März 2020 war „Corona" das alles überschattende Wort. Damit war nicht die mexikanische Biersorte gemeint, auch nicht die Heilige im einstigen Ägypten, ebenso wenig der gleichnamige DEFA-Film anno 1948. Wobei sich bei ihm gewisse Analogien zur aktuellen Corona-Krise durchaus anbieten. Deutschland lag damals nach dem Zweiten Weltkrieg in Trümmern, im Wort- und im weiteren Sinne. Zwei drängende Fragen hießen: Wie kommt man zur Normalität und was sollte eigentlich künftig als normal gelten?

Nun beschreibt Corona einen Virus und eine Epidemie bislang kaum gekannten Ausmaßes. Und plötzlich wurden Berufe als „lebenswichtig" und „systemrelevant" geadelt, die bis dato kaum der Rede wert waren: Pflegerinnen und Pfleger, Polizistinnen und Polizisten, Verkäuferinnen und Verkäufer und etliche andere mehr. Nun wurden sie allenthalben gelobt und gewürdigt. Wofür sie sich allerdings null Komma nichts kaufen können. Von ihren zumeist Minilöhnen und Gehältern allerdings auch nicht viel mehr, vor Corona nicht und seither ebenso wenig. So viel Aufschwung nennt man wohl positiv formuliert „stabile Seitenlage".

In Zeiten der Not werden vor allem große Unternehmen staatlich mit Hunderten Milliarden Euro gestützt. Zugleich nimmt die Arbeitslosigkeit rasant zu, kleine Unternehmen und Selbstständige stürzen existenziell ab. Warum fällt mir dazu Bertolt Brecht ein?

„Reicher Mann und armer Mann
standen da und sah'n sich an.
Und der Arme sagte bleich:
Wär' ich nicht arm, wärst du nicht reich."

Doch als Reaktion der Politik auf Corona gab es auch Neues. Ausgehbeschränkungen wurden angewiesen, Atemschutzmasken dringend empfohlen. Vorausgesetzt, es waren solche vorrätig. Aber das regelt bekanntlich der Markt, wie er ohnehin nahezu alles regelt, oder? Beispiel: Vor der Krise kostete ein Mundschutz ca. einen Euro, dank Corona alsbald 14 Euro und mehr. Es geht also aufwärts.

Apropos Masken: Deutschland hatte in der Not einen umfangreichen Posten in China geordert. Die USA fingen die Ladung ab und leiteten sie aus Eigennutz flugs zu sich um, war zu lesen. Man stelle sich vor, Russland hätte sich eine derartige Piraterie geleistet. Die NATO wäre längst in den Angriffsmodus befohlen worden. Wir können erneut lernen: Alles ist irgendwie Ansichtssache.

Das Gesundheitssystem stieß ob Corona auch hierzulande schnell an seine Grenzen. Vordem war es über Jahre hinweg ausgedünnt und vielfach privatisiert worden, auf dem Land noch spürbarer als in großen Städten. Frei nach dem kapitalen Motto: Alles muss sich rechnen oder es zählt halt nix.

Und verlässlich, wie bei allen vermeintlichen Krisen, traten auch jene Law-and-Order-Politiker wieder fordernd auf den Plan, die gern persönliche Daten horten und Bewegungsprofile erstellen wollen: diesmal via Smartphones als Überwachungshelfer namens der Volksgesundheit. Was obendrein kostengünstig wäre. Denn Bürgerinnen und Bürger zahlten schließlich alles selbst, die Geräte ebenso wie die Gebühren.

Ja, Corona ist mehr als ein Virus, das Atemwegserkran-
kungen auslöst. Wie unter einem Brennglas wurde erhellt,
woran die Gesellschaft systematisch krankt, was grundsätzlich im Argen liegt. Corona ist auch – nun wieder Zitat
Wikipedia – eine „Sprühentladung".

Sprechen wir drüber.

Systemrelevant

1998 war Bundestagswahl. Ich kandidierte unter anderem in Berlin, Prenzlauer Berg. Und wie das so ist, ging ich tagein, tagaus dorthin, wo potenzielle Wählerinnen und Wähler sind. So auch in ein Heim für Seniorinnen und Senioren, die an diesem Tag obendrein ein Hoffest hatten. Die Musik spielte, der Hof war geschmückt, aber niemand feierte. Ich sah nur erschrockene, verzweifelte Gesichter. Sie alle hatten gerade erfahren, dass ihr Heim aufgemotzt und privatisiert werden solle, für Wohlhabende. Sie aber, die bisherigen Bewohnerinnen und Bewohner, sollten an den Stadtrand umgesiedelt werden, also fern von ihrem Kiez und ihren Angehörigen. Kurzum: Grund und Boden sollten endlich Profit abwerfen, system-immanent. Das Ganze konnte zum Glück verhindert werden. Unter anderem wurden eine Seniorenstiftung gegründet und ein Chef berufen. Wir trafen uns seither mindestens einmal im Jahr. Denn, obwohl ich seit 2002 einen anderen Wahlkreis habe, nämlich Marzahn-Hellersdorf, besuche ich das Seniorenheim in Prenzlauer Berg weiterhin, aus bleibender Verbundenheit.

2020 schied der damals neue Leiter nach 21 Jahren Engagement aus seinem Amt. Ich schrieb ihm zum Abschied erinnernd und dankend und neben anderen Sätzen auch diese zwei: „Mich ärgert mächtig, wie viele Helferinnen und Helfer aktuell offiziell als systemrelevant bejubelt und weiterhin mit Niedrigbezügen abgespeist werden. Das ist system-arrogant."

Logisch?

1,50 Meter Abstand halten, mindestens. Das ist ein Gebot, um in Corona-Zeiten die Ansteckungsgefahr zu mindern. Diese vorsorglichen Regeln gelten allüberall. Es sei denn, man ist Erntehelfer aus Rumänien oder Bulgarien. Die wurden flugs zu Hunderten in Flugzeuge, Züge und Busse gepfercht und hierhergebracht, wo sie nachts im Dutzend auf engstem Raum kampieren, damit sie tags darauf für Minilöhne deutschen Spargel stechen.

Noch schlimmer ergeht es Geflüchteten in griechischen Lagern. Im März 2020 saßen dort allein auf Inseln 40 000 Menschen fest, dicht bei dicht, ohne medizinische Grundversorgung. Aber es reift Erbarmen. Sieben EU-Staaten erklärten sich bereit, Flüchtlinge, insbesondere unbegleitete Kinder, aufzunehmen. Allein Deutschland öffnete sich für sagenhafte fünfzig.

Aber nicht nur für die Ärmsten der Armen gelten Ausnahmen, auch für Profikicker der Bundesliga. Wochenlang ruhte der Spielbetrieb. Dann rollte der Ball wieder, bei „Geisterspielen" ohne Zuschauer. Also konsequente Manndeckung mit 1,50-Meter-Abstand? „Die Deutsche Fußball Liga muss dabei strengste hygienische Voraussetzungen durchsetzen", heißt es. Dazu gehören Corona-Tests für alle Beteiligten, für Spieler, Trainer, Betreuer, Schiedsrichter, Platzwarte, Polizisten und so weiter. Ständige Tests, wofür die aktuellen Kapazitäten nicht einmal für das medizinische Personal in Krankenhäusern reichen. Ja, alles hat seinen Preis. Man muss nur Prioritäten setzen, oder?

Rudeln und Anderweil

Wenn der Präsident des Bundestages oder wir Vizepräsidenten eine Plenarsitzung leiten, dann achten wir darauf, dass die parlamentarischen Regeln eingehalten werden. Reden von Abgeordneten indes haben wir nicht zu kommentieren, egal, was wir vom Gesagten halten. Und dann geschah das, im Mai 2020. Ja, das war Corona-Zeit. Die Pandemie forderte auch hierzulande Tausende Todesopfer, ihre Abwehr legte nahezu das ganze gesellschaftliche Leben lahm. Allenthalben galten Abstandsgebote, also auch im Parlament. Ins Plenum kam man nur auf der einen Seite hinein und auf der anderen hinaus, sodass kein Gegenverkehr entstand. Zeiten, in denen Abstimmungen stattfanden, wurden deutlich gestreckt, um Rudel zu vermeiden. So weit, so gut.

Zur Geschichte gehört auch: Die AfD leugnete die Corona-Gefahr. Ergo gaben sich ihre Fraktionäre demonstrativ die Hände. Sie plauderten eng bei eng. Und sie standen plötzlich zuhauf am Ausgang des Plenarsaales, sodass alle anderen Abgeordneten sich hindurchdrängeln mussten. Also erinnerte ich als amtierende Vizepräsidentin an die Anti-Corona-Regeln, die sich der Bundestag selbst gegeben hatte. So nötig, so klar. Die Pointe folgte tags darauf. Dazu muss man wissen: Keine Fraktion ist digital so flink wie die AfD. Kaum, dass einer der ihren im Plenum gesprochen hat, fliegt ein Video durchs weltweite Gewebe, als Beleg dafür, wie clever man ist und was einzig wahr sei. So flugs, so ego.

An besagtem Freitag trat der Abgeordnete Sichert ans Pult. Er beschwerte sich namens der AfD: „Wir Bundestagsabgeordnete haben eine Vorbildfunktion gegenüber 83

Millionen Menschen in Deutschland. Je länger ich diesem Parlament angehöre, umso mehr habe ich das Gefühl, dass den meisten von Ihnen dies leider nicht bewusst ist." So mahnend, so volksnah. „Gestern haben Sie es auf die Spitze getrieben", sprach er weiter. „Zur namentlichen Abstimmung haben Hunderte Abgeordnete Gruppenkuscheln in der Abgeordnetenlobby gespielt. Einen Mindestabstand hat da niemand eingehalten." Sein Fazit: „Sie verhöhnen die ganze Bevölkerung [...], da Sie augenscheinlich der Auffassung sind, dass Corona völlig harmlos ist." So klagend, so überraschend.

Hernach ergriff der amtierende Vizepräsident das Wort, mein Kollege Wolfgang Kubicki (FDP). „Was die ‚Rudelbildung' hier im Plenarsaal angeht, so neigt Ihre Fraktion dazu." Und weiter: „Ich kann Ihnen ein Video zeigen, das wahrscheinlich von Anhängern Ihrer Fraktion ins Netz gestellt worden ist. Da können Sie sehen, dass die Abgeordneten der AfD-Fraktion besonders aufgefallen sind dadurch, dass sie keinen Abstand eingehalten haben."

So weit, so angebracht? Mitnichten! Die AfD darf lügen, dass sich die Balken biegen. Und sie nutzt das weidlich, online und offline. Das ist Meinungsfreiheit. Kein Vizepräsident des Bundestages darf das rügen oder klarstellen, auch Herr Kubicki nicht. Und das ist recht so!

Spendensammlung mit der Heilsarmee für eine Weihnachts-feier mit obdachlosen Menschen auf dem Kollwitzplatz am 7. Dezember 2019

Merkposten

Biete nie mehr als zwei Zahlen an, maximal drei. Mehr verwirren, anstatt zu erhellen. Das riet mir einmal jemand, der sich mit Rhetorik auskennt. Recht hat er und dennoch bringe ich ausnahmsweise fünf Zahlen ins Spiel. Nein, Spiel ist die falsche Floskel. Das Thema ist zu ernst.

Dass die Reichen immer reicher und die Armen immer zahlreicher werden, das gilt weltweit, das galt schon vor der Corona-Krise und das gilt immer noch, mehr denn je. Natürlich ist das ungerecht und mit Arbeit nicht zu erklären.

Der Eigentümer der Schwarz-Handelskette beispielsweise, zu der Kaufland und Lidl gehören, hat ein Vermögen von ca. 41,5 Milliarden Euro, las ich jüngst. Bricht man diese „Lebensleistung" auf einen Monatslohn herunter, dann kommt man auf 73,5 Millionen Euro. Für dieselbe Summe müsste eine Kassiererin bei Lidl rund 2 500 Jahre arbeiten. Das ist ungerecht? Das ist unsozial? Das ist Usus und gilt allgemein als völlig normal. Etwa, wenn die FDP fordert, man müsse Unternehmer vorbehaltlos fördern, weil dies allen zugutekomme.

Die Corona-Pandemie wird hierzulande rund eine Billion Euro kosten. Diese Riesensumme wird offiziell nicht gern genannt. Sie ist nahezu unvorstellbar und könnte obendrein Panik auslösen. Aber Verdrängen oder Ausblenden war noch nie eine Lösung. Zumal: Millionen Beschäftigten, allemal Selbstständigen, Handwerkern, Kulturschaffenden usw. droht das Aus. Zugleich haben wir es mit einer gegenläufigen Entwicklung zu tun. Die Einnahmen des Staates sinken, während just mehr Hilfen von Staats wegen nötig sind.

Deshalb wiederhole ich: Wir brauchen dringend eine Vermögensabgabe, mehr noch, endlich eine drastische Besteuerung der Multimillionäre und Milliardäre und zugleich ein Bedingungsloses Grundeinkommen für jede und jeden in Höhe von 1 250 Euro im Monat. Das wäre eine adäquate Antwort auf die aktuellen Corona-Herausforderungen und zudem auf die zunehmende Digitalisierung. Sie wird den herkömmlichen „Arbeitsmarkt" radikal umkrempeln. Das muss nicht schlecht sein, vorausgesetzt, die damit einhergehenden gesellschaftlichen Umwälzungen werden sozial gesteuert und gerecht besteuert. Und dann gibt es noch einen weiteren gravierenden Grund, die asoziale Kluft zwischen Arm und Reich sowie den immanent umweltfeindlichen Wachstumswahn des Kapitalismus endlich anzugehen: die drohende Klimakatastrophe. Sie naht auf Siebenmeilenstiefeln.

Zurück auf Anfang: Die Zahlen vier und fünf, also die rhetorisch Überzähligen, haben Sie sich diese gemerkt, und welche waren es?

Kurz und klar

Greta Thunberg ist inzwischen rund um den Globus als Klimaaktivistin bekannt. 2018 gab es in Europa einen Hitze- und Dürresommer. Danach, konkret am 20. August, zog Greta Thunberg erstmals vor den Schwedischen Reichstag in Stockholm. Sie demonstrierte für Klimaschutz. Das wiederholte sie alsbald immer freitags. Ihrer „Fridays for Future"-Bewegung schlossen sich weltweit immer mehr Schülerinnen und Schüler an. Und so wurde dies auch in den Medien ein Megathema.

Im März 2019 fand wieder ein internationaler Aktionsfreitag statt, am Berliner Brandenburger Tor. Mein Mitarbeiter sagte: „Das gucke ich mir mal an, ist ja gleich um die Ecke." Nach einer Stunde kam er mit stolzgeschwellter Brust zurück. In der schwer überschaubaren Menge hatte er seinen zehnjährigen Enkel erspäht. Der war mit seiner Klasse und Lehrerin aus Königs Wusterhausen im Land Brandenburg nach Berlin-Mitte gekommen, um bei „Fridays for Future" dabei zu sein. Opa hatte seinem Enkel zustimmend auf die Schulter geklopft und der Lehrerin ausdrücklich gedankt.

Gleichwohl ist die allgemeine Meinung geteilt. Die einen waren begeistert ob des Engagements der jungen Leute, andere zürnten, da diese pflichtvergessen die Schule schwänzten. „Was soll ich in der Schule für eine Zukunft lernen, die es alsbald nicht mehr gibt", hat Greta Thunberg darauf reagiert. Nichtsdestotrotz schloss sie 2019 ihre eigene Schulbildung mit hervorragenden Noten ab. Inzwischen wurde die Klimaaktivistin stellvertretend für die „Fridays for Future"-Bewegung mehrfach hochgeehrt, etwa mit dem Alternativen Friedensnobelpreis.

Was mir besonders gefällt: Greta Thunberg sagt, was zu sagen ist, kurz und klar. So auch auf dem UN-Klimagipfel im September 2019 in New York: „Wie könnt ihr es wagen! Mit euren leeren Worten habt ihr mir meine Träume und meine Kindheit gestohlen. Und trotzdem bin ich noch eine von denen, die Glück haben. Menschen leiden. Menschen sterben. Ganze Ökosysteme brechen zusammen. Wir stehen am Beginn eines Massenaussterbens. Und alles, worüber ihr reden könnt, ist Geld und Märchen von ewigem Wachstum. Wie könnt ihr es wagen!" Apropos: Eine Gesellschaftsordnung, bei der Geld und Wachstum alles dominieren, gab und gibt es dafür nicht einen kapitalen Namen?

Ausnahme Berlin

Kübelweise wurden Schimpf und Schande über die rot-rot-grüne Berliner Landesregierung ausgeschüttet, allemal über DIE LINKE. Sie sei unternehmerfeindlich, Kommunisten halt. Auch der Chef der Wohnungsgenossenschaft, bei der ich Mitglied bin, zeterte über angebliche Enteignungen, die der Senat vorhabe. Vor allem die zuständige Senatorin, Katrin Lompscher, bekam heftig eine auf den Deckel. Sie wollte per Gesetz die Mieten begrenzen, denn die schossen schon seit Jahren durch die Decke. Im Schnitt waren sie seit 2013 für ein und dieselbe Wohnung um fünfzig Prozent angehoben worden, in vielen Kiezen hatten sie sich sogar verdoppelt. Immer mehr Einwohner konnten sich das nicht mehr leisten. Etliche Kieze waren für Normalverdiener bereits unbewohnbar. Händler mussten ihre Läden schließen, allemal in der Innenstadt, und zwar bereits, bevor Corona wütete.

Umgekehrt wird ein Schuh draus, hatte ich zu alledem angemerkt. Die Politik enteignet nicht Hausbesitzer, sondern diese enteignen Mieterinnen und Mieter, indem sie ihnen immer mehr von ihren Löhnen und Gehältern abknöpfen. Das sah laut Umfragen auch eine Mehrheit der Berliner Bevölkerung so. Sie befürwortete den geplanten Mietendeckel, im Gegensatz zu CDU, FDP und AfD. Die Neinsager wetterten weiter um die Wette und sehr viele Medien bundesweit stimmten bitter in die Weltuntergangsballaden ein. Bauen, bauen, bauen statt klauen, ging ihr Refrain.

Rot-Rot-Grün war so in aller Munde, ließ sich aber nicht beirren. Am 23. Februar 2020 trat der sogenannte Mietendeckel in Kraft. Drei Monate später, Ende Mai, meldete die Nachrichtenagentur dpa, dass deutschlandweit die Angebotsmieten weiter steigen, mit einer Ausnahme: Berlin. Hier sind sie im Schnitt sogar um fünfzig Cent pro Quadratmeter gefallen. Außerdem wurden so viele Wohnungen gebaut wie seit Jahren nicht. Nun richten Kritiker und Befürworter ihren Blick nach Karlsruhe. CDU und FDP haben beim Bundesverfassungsgericht gegen den Mietendeckel geklagt. Offenbar in der Meinung: Wucher beschränken ist rechtswidrig, Mieter enteignen nicht.

Schaun wa mal.

Straßen-Botschaften

Die Zeit rast und lässt vergessen. Daran erinnerte mich
jüngst eine WDR-Dokumentation über *Die verrückten 68er*.
Ich war damals gerade mal fünf Jahre alt. Aber in dem Film
kam Rudi Dutschke vor, ein Oppositioneller in der damaligen BRD. Vierzig Jahre später wurde eine Berliner Straße
nach ihm benannt, ein Teil der Kochstraße in unmittelbarer
Nähe des Springerkonzerns. Der hatte seinerzeit mit der
BILD so lange gegen Dutschke gehetzt, bis sich jemand
fand, der den bürgerrechtlichen Antifaschisten ermordete.

Die Straßenumbenennung 2008 war also auch ein Zeichen gegen Springer & Co. – und umstritten. SPD, LINKE
und Grüne waren dafür, die CDU agierte widerborstig.
Sie initiierte ein Volksbegehren dagegen. Spannend daran
ist: Die Berliner CDU hatte lange, intensiv und überhaupt
gegen Volksabstimmungen gekämpft. Kaum hatte sie diesen
Streit zugunsten von mehr Demokratie verloren, sammelte
sie flugs Unterschriften für ihre Interessen, auch wider Rudi
Dutschke. Erfolglos. Und auch daran erinnerte ich damals
in meiner kurzen Rede zur Rudi-Dutschke-Straße.

Es gibt im Berliner Westen eine Spanische Allee. Sie
heißt nicht so, weil Mallorca ein gefragtes Urlaubsland ist,
sondern weil die Wehrmacht dort paradierte, nachdem sie
im Spanischen Bürgerkrieg von 1936 bis 1939 für den Faschisten Franco und gegen spanische Bürger gekämpft und
gemordet hatte. Damit kann die CDU offenbar gut leben,
mit Rudi Dutschke nicht.

In der tv.berlin-Sendung „Aus dem Bundestag", moderiert von Peter Brinkmann, am 7. September 2020

Post überfordert

Jahrelang wurde ich durch Ämter für Verfassungsschutz beobachtet. Zeitweise hatte man sogar einen V-Mann in meinem Umfeld platziert. Er flog auf. In seinem ersten Leben, zu DDR-Zeiten, war er bei der Staatssicherheit tätig. Nun war er offenbar bei einem Geheimdienst der BRD in Lohn und Brot.

Ich prozessierte gegen meine Überwachung und bekam 2011 vom Verwaltungsgericht in Köln Recht. Zudem wurde das Bundesamt für Verfassungsschutz beauftragt, mir alle seine Akten über mich auszuhändigen. Das geschah auch, jedenfalls fast. Ich bekam einen dicken Ordner zugestellt, mehrere Hundert Seiten. Achtzig Prozent davon war allerdings geschwärzt und folglich unlesbar. Begründung: Ich dürfe nicht ergründen können, wie die Ämter für Verfassungsschutz im Geheimen agieren. Logisch!

2018 unterbrach ich meinen Urlaub. Ich fuhr vom Allgäu nach Nordrhein-Westfalen. Dort wurde vor Gericht meine zweite Klage gegen den Verfassungsschutz verhandelt. Wieder bekam ich weitgehend Recht. Die Akten über mich seien umgehend und lesbar an mich zu übermitteln. Klare Sache!

Seither sind erneut zwei und mehr Jahre vergangen, ohne dass ich auch nur eine Akte, wie vom Gericht verfügt, erhalten habe. Irgendwie scheint die Deutsche Post Zustellungsprobleme zu haben, oder?

Glück auf

Berliner finden für alles Spitznamen, selbst für Bauwerke. So heißt der Fernsehturm am Alex seit je „Telespargel". Das Kanzleramt im Spreebogen ist ob seiner dominant-runden Fenster im Gebäudequader die „Bundeswaschmaschine". Und die obere Fußgängerbrücke im Parlamentsviertel, die über der Spree das Paul-Löbe-Haus mit dem Marie-Elisabeth-Lüders-Haus verbindet, wird „höhere Beamtenlaufbahn" genannt. Dabei hätte gerade dieser Übergang gar keinen Spitznamen gebraucht. Heißt er doch bereits Mierscheid-Steg. Ein Schild am Geländer zeigt das an. Und Jakob Maria Mierscheid ist kein Unbekannter. Er gilt als dienstältestes Mitglied der SPD-Fraktion im Bundestag, von seinen Mitstreitern geliebt und gelitten. Gelitten, weil er zum Beispiel 2005 erwog, aus Protest gegen „Hartz IV" zur neuen Linkspartei zu wechseln. Das gab Schimpfe. Geliebt, weil er zuweilen Kluges sagt. So schlug er vor: Sobald ein Redner im Plenum den Spruch klopfe: „Ich komme jetzt zum letzten Satz", sollte man ihm sofort das Mikro abdrehen. Ansonsten drohn ellenlange Zugaben. Norbert Lammert, langjähriger Bundestagspräsident, hatte sich das wohl zu Herzen genommen. Allemal, wenn Gregor Gysi zum Finale ausholte. Wieder einmal mahnte er ihn, das Ende seiner Redezeit zu beachten.

Gysi: „Herr Bundestagspräsident, immer, wenn hier interessant gesprochen wird, brechen Sie das ab!" Daraufhin Lammert: „Ja, Herr Kollege Gysi, warum fangen Sie nicht einfach mal mit dem Interessanten an?"

Bewegter als Gysi sprach zuweilen nur Heinz Riesenhuber (CDU), bekannt auch durch seine bunte Fliege am Hals. Nach dem fünften Satz redete er links neben dem

Pult, später davor, dann rechts daneben. Als er es schließlich umrundet und das Pult wieder vor sich hatte, stutzte er: „Frau Präsidentin, hier blinkt plötzlich eine rote Lampe." Ich freundlich: „Sie signalisiert, dass Ihre Redezeit vorbei ist." Riesenhuber empört: „Das mag ja sein, aber machen Sie das aus. Das Geblinke stört mich beim Reden."

Zurück zu Mierscheid und Lammert: Am 1. März 2013 würdigte der Bundestagspräsident den SPD-Abgeordneten zu dessen achtzigstem Geburtstag als „geschätzten", wenn auch zuweilen „verzweifelt gesuchten Kollegen", der sich auch für die aktuelle Sitzung aus „zwingenden Gründen entschuldigt" habe.

Mierscheid blieb satirisch spitz. 2016 beschrieb er, wie ein passender deutscher Kanzlerkandidat sein sollte. Ich zitiere:

- akademisch ausgewiesen wie Baron zu Guttenberg,
- leistungsgesteigert wie Jan Ullrich,
- informiert wie Franz Beckenbauer,
- rechenfest wie der ADAC,
- ökologisch bewusst wie ein VW-Diesel,
- steuerehrlich wie Uli Hoeneß,
- glaubwürdig wie die Deutsche Bank,
- schmiergeldfrei wie die FIFA.

So etwas habe die SPD leider nicht zu bieten, klagte Mierscheid. Geschätzt wird er aber vor allem ob des nach ihm benannten Mierscheid-Gesetzes. Es besagt: „Der Stimmanteil der SPD richtet sich nach dem Index der deutschen Rohstahlproduktion in den alten Ländern – gemessen in Millionen Tonnen – im jeweiligen Jahr der Bundestagswahl." Wie anno 2002: Die Rohstahlproduktion betrug damals 38,6 Millionen Tonnen, das Wahlergebnis der SPD 38,5 Prozent. Und so frohlockte Mierscheid auch Anfang 2017: „Es sieht für die SPD gut aus." Die Stahlproduktion habe zugelegt. Diesmal irrte Mierscheid allerdings grandios. Seine Partei stürzte zur Bundestagswahl rekordträchtig ab. „Egal, ich bleibe dran", meinte er trotzig.

Ja, Jakob Maria Mierscheid ist ein Stehaufmännchen, ein virulent-virtuelles SPD-Phantom, eine genossenschaftliche Kneipengeburt. Als ausgedachter SPD-Linker sagte er übrigens auch: „Ich bin weder eine Erfindung noch ein Patent, sondern die Lösung!" Nein, Mierscheid bleibt trotz oder ob seines reifen Alters up to date: Am 1. Juni 2018 erhob US-Präsident Donald Trump Strafzölle gegen Stahl- und Aluminium-Importe aus der Europäischen Union, also auch gegen Deutschland. „Völlig inakzeptabel", schimpfte EU-Kommissar Jean-Claude Juncker. „Rechtswidrig", klagte Bundeskanzlerin Angela Merkel. Von „Wirtschaftskrieg" war die Rede. Nur einer sah wirklich durch und weiter. Trumps Attacke sei „ein direkter Angriff auf die Chancen der SPD bei der Wahl 2021", twitterte Jakob Maria Mierscheid. Denn werden Stahlexporte bestraft, dann sinkt über kurz oder lang die Stahlproduktion und das bedeutet – richtig! Sie kennen ja das Mierscheid-Gesetz.

Und dann auch noch das: Jüngst überquerte ich im Bundestag wieder einmal die Spree, und, oh Schreck: das Schild „Mierscheid-Steg" war weg, abmontiert. Noch ein Anschlag wider die SPD. Denn nun bleibt den Nahles, Scholz und ihnen nachfolgenden emsigen Erneuerern ihrer Partei – wollen sie das rettende Ufer erreichen – nur noch die höhere Beamtenlaufbahn. Glück auf, Genossinnen und Genossen! Oder, alte Volksweisheit: Schlimmer geht immer!

„Höhere Beamtenlaufbahn" oder *Jakob-Mierscheid-Steg über der Spree*

Aufwachen

Im weltweiten Gewebe stieß ich 2020 auf einen interessanten Beitrag. Der Autor griff den aktuellen Frust vieler Bürgerinnen und Bürger auf und erinnerte an vergangene, weit schlimmere Zeiten. Stellen Sie sich vor, so empfahl er, Sie wurden im Jahr 1900 geboren. Als Sie ihren 14. Geburtstag feierten, begann der Erste Weltkrieg. Er tobte vier Jahre lang und forderte 17 Millionen Todesopfer. Danach, Sie waren gerade mal 18 Jahre alt, grassierte die Spanische Grippe. Ihr erlagen 50 Millionen Menschen, andere Schätzungen meinen sogar doppelt so viele. Zu ihrem 28. Geburtstag wütete eine bis dato nicht gekannte Weltwirtschaftskrise. Massenhafte Arbeitslosigkeit und bittere Armut waren Alltag für immer mehr Betroffene. Fünf Jahre später kamen in Deutschland die Nazis an die Macht. Sie, Jahrgang 1900, waren 45 Jahre alt, als der Zweite Weltkrieg beendet wurde. Unter dem braunen Strich standen 50 Millionen Tote und der Holocaust, der faschistische Völkermord an Millionen Jüdinnen und Juden Europas. Ebenso ermordet wurden Hunderttausende Sinti und Roma. Als Sie mit 65 Jahren in Rente gingen, hatten Sie auch noch den Korea- und den Vietnam-Krieg wahrgenommen sowie den Kalten Krieg nebst atomarer Gefahr. Was für ein wahrhaft bewegtes Leben, meinte der Autor, unvergleichbar mit dem, was heute, 2020, viele Leute empört.

Ja, ich habe diesen Beitrag wohlwollend gelesen. Als 14-Jährige habe ich keinen Kriegsbeginn erleben müssen. Es gab zu meiner Zeit keine Shoa und auch zu meinem 28. Geburtstag keine Weltwirtschaftskrise. Nur beruhigt mich dies alles nicht, im Unterschied zum zitierten Autor. Im Gegenteil, die aktuelle Gefahr ist zu real. Denn das

21. Jahrhundert, unser Jahrhundert, könnte das letzte der Menschheit und überhaupt sein. Dafür sprechen mindestens drei finale Szenarien. Erstens: ein weiterhin enormes, nicht sozial fundiertes Wachstum der Weltbevölkerung. Zweitens: eine kapitalistische Profitjagd, die unsere Erde bis zum Gehtnichtmehr ausbeutet. Schließlich Drittens: eine tödliche Klimakatastrophe, die nicht nur droht, sondern schneller, als allgemein verharmlost wird, naht. Die geflügelte Hoffnung, „die Enkel fechten es besser aus", gilt dann nicht mehr, mangels Enkel.

Erster Spatenstich für den Jüdischen Campus Chabad am 10. Juni 2018 in Berlin-Wilmersdorf

Kindertransporte

Am Bahnhof Friedrichstraße in Berlin steht eine Skulptur. Sie erinnert seit 2008 an die Kindertransporte von 1938/39. Damals wurden Tausende jüdische Kinder nach England gebracht und so dem tödlichen Zugriff der Nazis entzogen. Die Figurengruppe schuf Frank Meisler, ein Künstler aus Israel. Er gehörte zu den seinerzeit geretteten Kindern. Ich habe ihn in seinem Atelier in Tel Aviv besucht. In meinem Bundestagsbüro erinnern zwei – orthodoxe Juden darstellende – Figuren daran, ein Geschenk von ihm.

Derweil las ich das Protokoll der damaligen Debatte im britischen Unterhaus über die Kindertransporte aus Deutschland. Alles, was dagegen sprechen könnte, wurde angemahnt: Was wird das kosten und wer soll das bezahlen? Welche Auswirkungen hat das auf die Einheimischen und wie werden sie reagieren? Warum sollen gerade wir agieren, während andere Länder schweigen? Und doch gab es ein Argument, das alle Fragezeichen überbot. Es hieß: Wir können helfen, wir wollen helfen, also tun wir es.

Das alles kam mir aktuell sehr bekannt vor. Darüber sprach ich 2020, als ich zur alljährlichen Würdigung der Kindertransporte um ein Grußwort gebeten worden war. Tausende, zumeist unbegleitete Kinder, darben derzeit in Flüchtlingslagern in Griechenland und im arabischen Raum, hilflos und bedroht. Bundesländer, so Thüringen und Berlin, haben sich bereit erklärt, etliche von ihnen aufzunehmen. Doch der letztlich zuständige Bundesinnenminister (CSU) verhindert das mit seinem Veto. Ich würde gern einmal hören, was er am Denkmal zu den Kindertransporten von 1938/39 zu sagen hätte. Nein: besser nicht.

Im Dezember 2020 veröffentlichten 244 Mitglieder der demokratischen Parteien im Bundestag einen „Weihnachtsappell" für eine „humanitäre Aufnahme Geflüchteter von den griechischen Inseln". Ich gehörte dazu. Zugegeben, Mitglieder der Unionsparteien waren nicht allzu zahlreich vertreten, vorsichtig ausgedrückt, aber mit Volker Kauder, lange Vorsitzender der CDU/CSU-Fraktion, doch überraschend prominent. Was nix daran ändert: Die seinerzeit aktuellen Fraktionsvorsitzenden der Union, SPD und FDP waren nicht dabei. Womöglich waren sie mit Blick auf die nahende geweihte Nacht überlastet.

Am 28. November 2020 jährte sich zum 200. Mal der Geburtstag von Friedrich Engels. Die Rosa-Luxemburg-Stiftung plante eine Veranstaltung und bat mich um eine Rede. Schließlich wurde es ein Video mit einem Dutzend Beiträgen, begonnen mit meinem:

„Als ich gebeten wurde, ich möge über Friedrich Engels sprechen, da dachte ich erstmal: Ja, große Ehre – aber warum ich und was soll ich sagen? Flugs fragte ich mich, wann ich zuletzt etwas von Friedrich Engels gelesen hatte. Hernach ging ich in die Parlamentsbuchhandlung. Ich wollte wissen, welche seiner Bücher im Angebot sind. Zugleich fiel mir der *Der junge Marx* ein. Der Film kam 2017 in die Kinos. Eingeprägt hat sich mir, dass Karl Marx hier eher der Zurückhaltende war und Friedrich Engels der Drängende. Ähnliches muss Ludwig Engelhardt gedacht haben. Das ist der Künstler, der im Berliner Marx-Engels-Forum die Skulpturen der beiden Gelehrten schuf. Marx sitzt bequem sinnierend, Engels rankt aufrecht neben ihm. Aber wieso steht er links von Marx und nicht rechts oder hinter ihm?

2018, zum 200. Geburtstag von Karl Marx, war ich in dessen Geburtsstadt Trier. Nun schaute ich auf die Webseiten von Wuppertal, ob die Stadt sich ebenfalls an *ihren* Kommunisten erinnert. Und siehe da: ja, vielfältig, unter Schirmherrschaft von Ministerpräsident Armin Laschet (CDU).

Zudem habe ich inzwischen so viel von und über Friedrich Engels gelesen wie seit Jahrzehnten nicht. Dabei hat mich ein Gedanke von ihm aufmerken lassen: „Es war der letzte Schritt der Selbstverschacherung, die Erde zu verschachern, die unser Ein und Alles, die erste Bedingung unserer Existenz ist […]" (aus: *Umrisse zu einer Kritik der Nationalökonomie*, 1843/44). Friedrich Engels ein Ökologe, ein Grüner? Nun, die Bezeichnungen Ökologie oder Grüne kamen erst viel später auf, aber in der Sache ist etwas dran. Und das hat mich beeindruckt. Friedrich Engels hatte offenbar vor über 170 Jahren bereits kapitale Gefahren für das Leben überhaupt im Blick. Ein Fraktionskollege unterstrich 2020, was viele andere auch finden: DIE LINKE ist *die* soziale Partei, wir brauchen keine zweite grüne Partei! Ich widerspreche dem und wähne dabei Friedrich Engels auf meiner Seite. Zumal: Der Klimaschutz ist womöglich aktuell die größte soziale Frage.

Das 21. Jahrhundert ist in doppeltem Sinne ein besonderes, finde ich, verglichen mit allen vorigen. Das Negativszenario: Erstmals sind wir in der Lage und auf dem schlechten Weg, die Menschheit und überhaupt alles Leben zu vernichten. Das Positivszenario: Erstmals gibt es eine materielle Chance, die über den Kapitalismus hinausweist. Sie muss natürlich genutzt werden. „Materielle Chance" auch deshalb, weil schon Friedrich Engels betont hatte, dass die Entwicklung der Produktivkräfte maßgebend ist. Rückblickend gibt es die These, dass immer zwei grundsätzliche Neuerungen den Aufbruch in eine neue Gesellschaftsformation ermöglichten: neue Möglichkeiten der Kommunikation und bis dato nicht gekannte Formen, Energie zu gewinnen und zu nutzen. Ohne Telegrafie und Telefonie sowie ohne Dampf-, später Elektroenergie wäre der Übergang vom Feudalismus zum Kapitalismus nicht denkbar. Könnte es sein, dass die Digitalisierung und die Solarenergie, beide im weiten Sinne und miteinander, über den Kapitalismus hinausweisen? Der Kapitalismus drängt zu Monopolen und grenzenlosem Wachstum. Das ist demokratie- und umweltfeindlich, siehe Zitat Friedrich

Engels. Digitalisierung und Solar ermöglichen dezentrale, demokratische Wege. Vorausgesetzt, sie werden in diesem Sinne politisch begleitet. Produzenten und Konsumenten verschmelzen, meint Jeremy Rifkin. Der US-Soziologe spricht von selbstbestimmten Prosumenten.

Ich versuche es mal bildhaft: Solarenergie, ob Sonne, Wind oder Wasser, ist im Grundsatz dezentral. Viele Orte in meiner Urlaubsregion Allgäu brüsten sich damit, dass sie energieautark seien, also unabhängig von großen Stromversorgern. Zugleich lese ich, dass es mit 3-D-Druckern gelungen ist, Häuser und Autos zu produzieren, also wieder autonom und nicht durch VW- und andere Konzerne. Ja, das sind noch immer sensationelle Ausnahmen, das ist noch nicht die Regel. Aber spannend ist es schon und zukunftsträchtig obendrein. Drei Merkmale des Kapitalismus könnten bröckeln: die Monopolisierung, der Zwang zum Wachstum und die Ausbeutung zugunsten maximaler Profite. Das alles birgt keine Automatismen – etwa nach dem Motto: Ich, das Digitale, und ich, das Solare, wir umarmen uns und alles wird schön. Ganz im Gegenteil: Für die Solarenergie gibt es beide Optionen, die dezentrale und die zentrale, Solardächer vor Ort oder kapitale Windparks auf See. Bei der Digitalisierung ist es genauso kontrovers. Bislang obsiegen am Ende digitale Monopole, wie Google, Facebook oder Amazon. Ich füge hinzu: Mir ist auch noch kein überzeugendes Modell begegnet, wie die Digitalisierung weltweit öffentlich-rechtlich organisiert werden könnte. Kurzum: Die historischen Chancen, die der Solaroption und der Digitalisierung wahrscheinlich innewohnen, müssen analysiert und politisch erkämpft werden. Was allerdings auch bedeutet: Linke im 21. Jahrhundert müssen natürlich sozial engagiert, also Rote sein, aber zugleich Grüne und Piraten.

Besuch bei den Wollschweinen im Tierpark Kunsterspring bei Neuruppin

Finale Liebe

Über ein Jahrzehnt währten die politischen, juristischen und bürgerrechtlichen Auseinandersetzungen um das „Bombodrom", einem Militärflugplatz in der Kyritz-Ruppiner Heide. Zu DDR-Zeiten wurde das Areal von der Sowjetarmee benutzt und hernach von der NATO begehrt. Der Protest gegen den geplanten Bombenabwurf-platz schwoll an. Ich war dabei. Grundsätzlich und weil ich ein Patenschwein namens Erna hatte, eine Ungarische Wollsau, auch als Mangalitza bekannt. Sie lebte im Tierpark Kunsterspring, also in unmittelbarer Nähe zum geplanten „Bombodrom" im Land Brandenburg. 2009 fiel die Ent-scheidung durch die damalige Bundesregierung, dass es kein „Bombodrom" geben wird. Wir feierten es als Sieg der Vernünftigen.

Erna hatte da schon das Zeitliche gesegnet. Meine folgen-den Patenschweine hießen Frieda und Gerda. Und nach-dem auch Gerda von uns gegangen war, herrschte Frauen-mangel im Schweinegehege. Also wurde ich Patin für einen Jungeber. Ich nannte ihn Oskar. Er war fleißig und liebte das Leben, bis zum Schluss. Im September 2020 schrieb mir der Tierparkdirektor: Oskar ist tot. Er starb beim Ge-schlechtsverkehr.

Ja, aber wie?

Das Internet hat unser aller Leben verändert. Zugleich sind die Folgen der Digitalisierung unabsehbar. Die gesellschaftlichen Umbrüche, die ihr innewohnen, verdienen das Wort „revolutionär". Und sie bergen Gefahren. Eine wurde im Januar 2021 deutlich. Twitter sperrte US-Präsident Trump seinen Zugang. Er wurde damit quasi digital sprachlos. Vorausgegangen war in Washington ein Sturm auf das Capitol durch sogenannte Wutbürger, Faschisten inklusive, und mithin auf die parlamentarische Demokratie der Vereinigten Staaten von Amerika. Trump hatte dies angeheizt und begrüßt, Twitter schob dem einen Riegel vor. Gut so!

Wirklich? Was drohte, wenn die Zuständigen bei Twitter nicht libertär-demokratisch tickten, sondern rassistisch-diktatorisch? Wen würden sie dann global ausblenden. Ihr Einfluss bliebe gleich groß und unkontrollierbar. Nahezu alle digitalen Großprojekte sind kapitalistische Monopole, auch Facebook, Google und so weiter. Sie sind zig Milliarden Dollar schwer und zugleich über Gebühr mächtig. Ergo müssten sie öffentlich-rechtlich kontrolliert und strukturiert werden, lese ich immer häufiger. Das teile ich. Nur konnte mir bislang noch niemand glaubhaft schildern, wie und durch wen das zu schaffen sei.

Extra-Salat

Zum Jahreswechsel 2020/21 brachte die Tageszeitung *DIE WELT* ein längeres Interview mit mir. Es ging um sehr Persönliches, aber auch um meine Sicht auf aktuelle politische Fragen. Als die Redaktion ihre Kommentarspalten dazu schloss, waren bereits weit über 800 Meinungen von Leserinnen und Lesern eingetroffen. Da diese öffentlich einsehbar sind, kann ich hier einen Beitrag für sich sprechen lassen, original, klipp und klar:

„Frau Pau, Ich bin sogar eigens in die politische Partei CDU eingetreten, um diesen ganzen groben Unfug nach fünf Jahren endlich (!) wieder gerade zu ziehen! Auch wenn der Unterschied zwischen der eventuellen Legitimität und der Illegitimität einer extralegalen extrakonstitutionellen Notstandsmassnahme eher gering erscheinen mag, ist dies nichts Minderes als der Unterschied zwischen einer lupenreinen Kleptokratie und einer tadellos funktionierenden Parteiendemokratie! Ein Abgleiten der weiterhin laufenden extrakonstitutionellen Notstandsmassnahme in einer lupenreinen Kleptokratie wäre trotz der absoluten Unvereinbarkeit von Parteiendemokratien und extrakonstitutionellen Notstandsmassnahmen TROTZDEM nicht zwangsläufig gewesen, wenn sich die extrakonstitutionell handelnden Personen strikt an die Regeln für den Einsatz von extrakonstitutionellen Notstandsmassnahmen in einer Parteiendemokratie gehalten hätten! Das wollten diese jedoch ausdrücklich NICHT, und nun haben wir alle den Salat!"

Sandmännchen

Frau Puppendoktor Pille hieß eine Sendung für Kinder im DDR-Fernsehen. Kaum jemand, der sie nicht gesehen hätte. „Habt ihr Kummer oder Sorgen, dann schreibt gleich morgen an Frau Puppendoktor Pille mit der großen klugen Brille." So war es in aller Munde.

Was ich damals nicht ahnte, erfuhr ich viel später. Urte Blankenstein hatte jahrelang Frau Puppendoktor Pille gespielt. Wir kennen uns. Ich mag sie und sie mich wohl auch.

Nun haben wir Berliner Mitglieder der Bundestagsfraktion DIE LINKE neben unseren Wahlkreisen im Osten jeweils Patenbezirke im ehemaligen Westteil der Stadt. Bei mir ist es Steglitz-Zehlendorf.

Und so verhalf ich Frau Puppendoktor Pille 2021 dort zu Auftritten. „Es lief wunderbar", sagte sie mir danach. Weil: Viele West-Berliner waren seinerzeit Standardzuschauer beim DDR-Kinderfernsehen. Das wusste ich bis dato nicht. Aber es freut mich, und ich verstehe es. Denn mit Verlaub: Der Osten erreichte in vielem kein West-Niveau. Aber sein Sandmännchen war einfach besser – und gefragter.

Warum schreibe ich das? Historisch war die DDR der BRD final unterlegen. Ob es dennoch Ost-Angebote gab, die dem vereinten Deutschland gutgetan hätten, wurde offiziell nie erwogen. Der Westen hatte gesiegt, der Osten wurde verdammt. Das war die dominierende politische Doktrin, und sie gilt bis heute. Inzwischen mehren sich Zweifel an diesem Credo: im Bildungswesen, im Gesundheitssystem, überhaupt, wenn es um Miteinander und Füreinander geht.

Nein, mein Vorwurf ist kein Plädoyer für rückwärtige Ostalgie, sondern Kritik an asozialer Westalgie.

Besuch auf dem Abenteuerspielplatz Marzahn Nord am
17. Januar 2020

Danke, FC Bayern München

Schon vordem hatte ich stets eingeräumt: Von Fußball habe ich so viel Ahnung wie Eisbären vom Schachspiel. Gleichwohl wundere ich mich derweilen über wichtige Kicker, so auch 2021. Der FC Bayern München empörte sich, warum er erst arg verspätet nach Katar fliegen durfte. Dort wollte er spielen, siegen und verdienen. Angeblich sprach die Corona-Gefahr dagegen. Na, holla! Seit wann ist das ein Argument gegen Profi-Profit? Es mag ja sein, dass die Pandemie hie und da wütet, aber doch nicht so. Jedenfalls nicht, seit Kicker, wie allgemein geboten, sich mit Maske und zwei Metern Abstand vom Gegner den Ball virusfern zukugeln. Mehr noch: FC Bayern-Chef Rummenigge hatte zudem gedrängt, seine Fußballer als erste gegen Corona impfen zu lassen. Das, so sein Argument, würde das allgemeine Vertrauen in den Impfstoff massiv stärken. Danke, Karl-Heinz, für dein ungemein selbstloses Angebot in allgemeiner Not.

Haben Sie schon einmal ähnlich Seriöses von St. Pauli oder Eisern Union gehört?

Eben, ich auch nicht.

Linke und Gott

Rainer Brandt: Dein erstes Anekdotenbuch *Gottlose Type – meine unfrisierten Erinnerungen* endete mit einem Interview. Darin ging es um Kultur und Unkultur unter politischen Linken. Wollen wir nun ein neues Gespräch wagen?

Petra Pau: Nur zu, was wäre dein Thema?

R.B.: Dein neuer Titel heißt: *Gott hab sie selig*. Willst du als Linke mit immer mehr Gott den Papst provozieren?

P.P.: Gott bewahre, zumal der Papst kein Monopol auf Gott hat. Da war schon Martin Luther vor.

R.B.: Dein erster Titel *Gottlose Type* ging auf einen Zwischenruf eines CSU-Politikers zurück. Er galt dir.

P.P.: Das war dreist und dumm.

R.B.: Dreist verstehe ich, aber wieso dumm?

P.P.: Als Kind habe ich in der DDR einen evangelischen Kindergarten und die Christenlehre besucht und ich wurde konfirmiert. Das passt offenbar nicht in jeden bayerischen Nischel.

R.B.: Religiös und links, das geht auch bei manchen Linken schwer zusammen.

P.P.: Ich spitze mal zu: Engagierte Linke können durchaus auch Christen sein. Gute Christen müssten eigentlich immer links sein.

R.B.: Diese streitbare These lasse ich jetzt mal, allen Widersprüchen zum Trotz, unkommentiert. Wie stehst du zu anderen Religionen?

P.P.: Ich respektiere sie, selbstverständlich, und ich werbe für einen interreligiösen Dialog in einer multikulturellen Gesellschaft. Andersherum gesagt: Ich bin gegen alle nationalistischen Anmaßungen, wie sie in Forderungen nach Deutschland als christlichem Abendland erhoben werden. Sie grenzen aus und sie befördern Feindbilder.

R.B.: Auf Tagungen der Linkspartei bist du wahrnehmbar. Gehst du auch zu Gottesdiensten?

P.P.: Ja, gelegentlich. 2019 war ich extra in Fürstenwalde. Dort wurde mit einem Gottesdienst an den Überfall Nazi-Deutschlands auf Polen 1939 erinnert und der Toten gedacht. Nicht nur als Rückschau, sondern vor allem als Mahnung ob aktueller rechtsextremer und rassistischer Tendenzen. Ich war gebeten worden, als Vizepräsidentin des Bundestages zu sprechen, aber ich habe zudem auch als Christin agiert.

R.B.: Die Kirche sollte deiner Meinung nach politisch sein?

P.P.: Selbstverständlich. Sie war es auch, als sie Bürgerrechtlern in der DDR eine Heimstatt bot. Und überhaupt ist die Wahrung der Schöpfung eine politische Herausforderung. Ich nenne als Stichwort nur „Klimakatastrophe". Das muss ein Thema der Kirchen sein, und das ist es ja auch.

R.B.: In der linken Hymne *Die Internationale* heißt es: „Es rettet uns kein höh'res Wesen, kein Gott, kein Kaiser, noch Tribun …".

P.P.: Völlig zu Recht. Gott kann jenen, die an ihn glauben, helfen, Mut zu fassen oder Leid zu lindern. Alles Politische bleibt unsere Aufgabe. „Uns aus dem Elend zu erlösen, können wir nur selber tun", heißt es in der *Internationale* weiter.

R.B.: Kommen wir zurück zur aktuellen Politik: Nach „Corona" wird vieles anders, ja besser werden, las ich manche Verheißung.

P.P.: Den mitklingenden Automatismus bezweifle ich heftig. Wird es nach Corona mehr Gerechtigkeit geben, also weniger Kapitalismus? Wird es mehr Frieden geben, also weniger Militarismus? Wird es mehr Umweltschutz geben, also weniger Fatalismus? Nein, das alles braucht mehr linkes, gesellschaftliches Engagement, von möglichst vielen.

Rainer Brandt ist ein langjähriger Begleiter von Petra Pau.

Bei einer Lesung in der Ibn-Rushd-Goethe-Moschee in Berlin-Moabit am 25. März 2018

Zur Person

Petra Pau, 1963 in Berlin geboren, arbeitete nach dem Studium als Lehrerin für Deutsch und Kunsterziehung, als Pionierleiterin sowie als Mitarbeiterin des Zentralrates der FDJ. 1992 bis Ende 2001 war sie Landesvorsitzende der PDS. 1990 wurde sie für die PDS Bezirksverordnete in Berlin-Hellersdorf, errang 1995 ein Direktmandat für das Berliner Abgeordnetenhaus und hat 1998 und bei allen folgenden Wahlen zum Deutschen Bundestag ein Direktmandat geholt. Seit 2006 ist sie, für die jeweiligen Legislaturperioden immer wiedergewählt, Vizepräsidentin des Deutschen Bundestages.